Thorsten Brenscheidt

Gott auf charismatisch

Thorsten Brenscheidt

Gott auf charismatisch

Gottesbeschreibungen in der Pfingst- und Charismatischen Bewegung

RVB

und

Verlag und Schriftenmission
d. Ev. Gesellschaft f. D.

CIP-Titel der Deutschen Bibliothek
Thorsten Brenscheidt
Gott auf charismatisch
1. Aufl. Hamburg: Reformatorischer Verl. Beese, 1997
(Reformatorische Paperbacks; Bd. 8)
Einheitssacht.: Gott auf charismatisch
ISBN 3-928936-12-3

Druck und Herstellung: Grindeldruck, Hamburg

Verlagsauslieferung:
Hänssler Verlag, Pf. 1220, 73765 Neuhausen

Inhalt

REFORMATORISCHE PAPERBACKS
herausgegeben von H. C. Beese

Band 1: Iain H. Murray. „C. H. Spurgeon – wie ihn keiner kennt"

Band 2: D. M. Lloyd-Jones. „Licht an einem dunklen Ort"

Band 3: Arthur W. Pink. „Die Souveränität Gottes"

Band 4: A. Pieters / J. H. Gerstner. „... recht (zer)teilen das Wort der Wahrheit"

Band 5: Gary North. „75 strategische Fragen zur Bibel"

Band 6: David Chilton. „Die Große Trübsal"

Band 7: Arthur W. Pink. „Die Zehn Gebote"

Band 8: Thorsten Brenscheidt: „Gott auf charismatisch"

Zum Titelbild

Zu den einzelnen Fotos werden von den Herausgebern folgende Ausführungen gemacht:

Unten rechts:

Diese Aufnahme zeigt den Pfingstprediger William Branham (1909-1965) während eines Gottesdienstes am 24. Januar 1950 in Houston, Texas.[1]

Dessen Amtsbruder Gordon Lindsay übergab am 28. Januar 1950 den entwickelten Film George J. Lacy, dem Prüfer von strittigen Dokumenten aus Houston, zur wissenschaftlichen Untersuchung.[2]

Ergebnis: „Auf Grund der oben beschriebenen Prüfung und Studien bin ich der absoluten Überzeugung, daß das der Untersuchung unterworfene Negativ weder retouchiert noch ein zusammengesetztes oder doppelt belichtetes Negativ war. Ferner bin ich der bestimmten Auffassung, daß der über dem Kopfe als Hof erscheinende Lichtstreifen durch Licht verursacht wurde, das das Negativ traf."[3]

in Krefeld, verbreitet die Botschaft von William Branham. In mehreren Schriften nutzte er das Ergebnis zur Vermarktung des Fotos und geht dabei von einem übernatürlichen Phänomen aus:

---

[1] Ewald Frank, *Es steht geschrieben ... Eine biblische Darlegung von Missionar Ewald Frank*, 1. Auflage, September 1987 (Krefeld: Freie Volksmission Krefeld, 1987), S. 33.

[2] ---. *William Branham ein Prophet von Gott gesandt* (Krefeld: Freie Volksmission Krefeld, o.J.), S. 3.

[3] Ebd., S. 5.

„Hätte es zur Zeit Mose schon die Photographie gegeben, so wäre es möglich gewesen, die Wolken- und Feuersäule festzuhalten, denn sie war sichtbar. Es überwältigt uns, daß sich der HERR in der gleichen Weise in unserer Generation geoffenbart und herabgeneigt hat. ER hat Sein Volk so mit Seiner übernatürlichen Gegenwart besucht. Es geschah tatsächlich, sonst hätte die Kamera die Erscheinung nicht festhalten können. Der HERR ist in der Tat gegenwärtig, wie Er verheißen hat, wenn Sein Volk sich in Seinem Namen versammelt. Bei diesem besonderen Anlaß wollte Er, daß Seine Anwesenheit für Gläubig und Ungläubig dokumentiert wird."[4]

Oben links:

In einer Schrift von Ewald Frank heißt es zu dieser Aufnahme: „Am 28. Februar 1963 erschien diese übernatürliche Wolke über dem Sunset-Gebirge, nördlich von Tucson, Arizona, wie es Rev. Branham in einer Vision am 22. Dezember 1962 gezeigt wurde. Könnte dies ein Zeichen Seiner nahen Wiederkunft sein? Obwohl die Aufnahme aus großer Entfernung gemacht wurde, ist das Angesicht des Herrn darin erkennbar. In der Zeitschrift 'Science' vom 19. April 1963 war dieses Foto auf der Titelseite abgebildet.

James E. McDonald vom 'Institute of Atmospheric Physics' an der 'University of Arizona' in Tucson verfaßte dazu einen Bericht, ohne jedoch eine Erklärung für dieses Phänomen zu haben. In der bekannten Wochenzeitschrift 'Life' vom 17. Mai 1963 wurde das Bild ebenfalls mit einem Artikel veröffentlicht. Die Lichtwolke befand sich an einem blauen Himmel, in einer Höhe, wo es keine Feuchtigkeit mehr gibt, um eine Wolke zu bilden. Gewiß ist es eine Bestätigung des Allmächtigen, der in Seiner Liebe auch denen entgegenkommt, die ohne zu sehen nicht glauben können."[5]

Frank äußerte in einer anderen Schrift, nachdem er die Verklärung Jesu (Mt 17, 2; Offb 1, 13-16) beschrieb: „Obwohl das Photo aus großer Entfernung gemacht wurde, kann das Antlitz noch deutlich erkannt werden."[6]

---

[4] Ebd., S. 1.

[5] ---. *Es steht geschrieben ...*, a.a.O., Deckblattinnenseite.

[6] ---. *William Branham ein Prophet von Gott gesandt*, a.a.O., S. 6.

Oben rechts:

In der amerikanischen Ausgabe des Buches „Krankenheilung“ von Tommy Lee (T.L.) Osborn steht zu diesem Foto folgender Text: „Während des Osborn-Feldzuges in Java ... fing ein buddhistischer Fotograf die Wolkenbildung in der Gestalt von dem Gesicht Christi, über der Zuhörerschaft des Feldzuges, ein - ein Wunder, das viele dazu veranlaßte, an das Evangelium zu glauben.“[7]

In Deutschland wurde dieses Foto in Osborn's Buch „Als Jesus unser Haus besuchte“ veröffentlicht. Hier heißt es jedoch lediglich: „AUTHENTISCHES, unretuschiertes Photo von einer seltsamen Wolkenbildung über der Osborn Feldzugsmenge [sic!] in Java, das von einem buddhistischen Kameramann gemacht wurde.“[8]

Unten links:

Diese Aufnahme entstammt dem Magazin „Jesus Lifestyle“ der „Jesus Fellowship Church“, die auch unter der Bezeichnung „Jesus Army“ bekannt ist. Oberhalb des Bildes steht folgender Text: „Es ist wild! Fröhliches Lachen in dem Heiligen Geist, als sich die Salbungen durch die Versammlungen ausbreiteten.“[9]

---

[7] T.L. Osborn, *Healing The Sick. A Living Classic*, 34. Auflage, 1986 (Tulsa, Oklahoma: Harrison House, 1951), S. 445.

[8] T.L. und Daisy Osborn, *Als Jesus unser Haus besuchte* (Düsseldorf: Osborn Foundation International, 1980), S. 135.

[9] Jesus Fellowship Church, *Jesus Lifestyle No. 20 Second Quarter 1992* (Northampton: JFC, 1992), S. 5.

Einleitung

DER Charismatischen Bewegung wird „eine der höchsten Wachstumsraten einer nicht-politischen, nicht militaristischen Bewegung, von der je in der Geschichte berichtet worden sei“[10], zugeschrieben. Sie wird als „ein bedeutendes Kapitel der Kirchengeschichte“[11] angesehen, gerät jedoch nicht zuletzt durch den sogenannten „Toronto-Segen“[12] ins Kreuzfeuer der Kritik.

Eine kritische Analyse zur Charismatischen Bewegung bringt jedoch mindestens drei Gefahren mit sich:

1. Der Autor beurteilt das Thema auf dem Hintergrund seiner eigenen theologischen bzw. konfessionellen Ausrichtung und versucht, den Leser, zumindest unbewußt, in seine theologische Sichtweise zu lenken bzw. zu manipulieren. Davon kann sich natürlich auch der Autor des vorliegenden Buches nicht freisprechen, gibt es doch – wissenschaftstheoretisch gesehen – auch bei theologischen Ausarbeitungen keine Voraussetzungslosigkeit und keine wirklich reine Objektivität. So ist nun jeder Autor in weltanschaulicher, theologischer, soziologischer, psychologischer oder auch kultureller Hinsicht vorbelastet. Dennoch kann man einen Unter-

---

[10] David D. Barrett, „Die neueste Statistik über den weltweiten pfingstlich-charismatischen Aufbruch in unserem Jahrhundert bietet mehr als nur Zahlen.“, *Charisma Nr. 67, April-Mai 1989* (Düsseldorf: Charisma, 1989): 2.

[11] Ebd., S. 4.

[12] Auslöser hierzu war die „Airport-Vineyard-Gemeinde“ in Toronto/Kanada, in der am 20. Januar 1994 eine Welle von charismatischen Phänomen einsetzte (siehe These Nr. 5, S. 116), die in derartiger Intensität noch nirgendwo auftrat.

schied machen, indem der Leser weitestgehend zu selbständigem Überlegen und Prüfen herausgefordert wird.

2. Es wird ungenau recherchiert, d. h. es werden den Charismatikern unfairerweise bestimmte Worte einfach in den Mund gelegt, ohne daß diese dokumentiert werden können. Sind diese dann noch Grundlage der Analyse, hat man den Boden der Seriösität verloren.

Dazu ein konkretes Beispiel:

Rudolf Ebertshäuser schreibt in seiner an sich gründlichen Arbeit „Die Charismatische Bewegung im Licht der Bibel“: „Eine der Parolen dieser Bewegung, die für ungefestigte jüngere Christen besonders attraktiv sind, lautet in etwa: ‘Gott nimmt dich an, wie du bist. ...’ Solche Parolen entsprechen natürlich ganz dem psychologischen Zeitgeist der ‘Selbstverwirklichung’. Sie kommen an. Aber sind sie vereinbar mit der Wahrheit der Bibel?“[13]

3. Das ganze Thema „Charismatische Bewegung“ ist emotional so stark besetzt, daß man sich leicht in Begriffen wie „Schwarmgeist“, „Pfingstgeist“, „Zungengeist“ oder auch ausfallenden Beleidigungen und Verurteilungen verliert, anstatt dem Leser klare biblisch orientierte Hilfen anzubieten. Diese Gefahr kann darin bestehen, daß lediglich aufgrund der eigenen, begrenzten Erlebnisse ein Urteil gefällt wird. Die biblische Begründung erfolgt dann zumeist erst nachträglich. Fällt dieses Urteil negativ aus, kann dies auch, ohne daß man es sich bewußt ist, mit einem bereits vorhandenen Vorurteil zusammenhängen.

In dem vorliegenden Buch sollen nun hauptsächlich charismatische Prediger selbst zu Wort kommen. Die Quellenangaben sind dabei absolut authentisch. Orthographische Fehler werden jeweils mit [sic!] gekennzeichnet.

Um ein repräsentatives Gesamtbild geben zu können, wurden die Äußerungen nicht zensiert. Das Zitieren von vulgären, obszö-

---

[13] Rudolf Ebertshäuser, *Die Charismatische Bewegung im Licht der Bibel*, 1. Auflage, 1995 (Bielefeld: CLV, 1995), S. 328.

nen und blasphemischen Aussprüchen ließ sich daher nicht ganz vermeiden.

Insgesamt soll - im Gegensatz zum Kapitel „7 Thesen" - nicht so sehr auf Lehren, Praktiken und Phänomene eingegangen werden, sondern lediglich auf Gottesbezeichnungen sowie Gottes-, Engels- und Teufelsbeschreibungen. Die vorliegende Arbeit unterscheidet sich daher von der inzwischen großen Anzahl von Büchern, die sich kritisch mit der Pfingst- und Charismatischen Bewegung auseinandersetzen.

Da über das „Internationale Evangeliums-Zentrum" in Dortmund bisher noch keine schriftliche Publikation erfolgte und dieses für vier Jahre die Wirkungsstätte des Autors war, sei eine ausführlichere Darstellung in dem vorliegenden Buch erlaubt.

Bibelstellen werden, soweit nicht anders angegeben, nach der Revidierten Elberfelder Übersetzung aufgeführt, die aber lediglich ein Angebot zur Beurteilung darstellen. Sie werden nach den „Loccumer Richtlinien" abgekürzt.

Ein Personen- und Bibelstellenregister im Anhang sollen dem Leser das schnelle Auffinden und Nachschlagen gesuchter Stellen erleichtern.

Der Autor bittet den Leser nun, die folgenden Zitate und Berichte zunächst selbständig und unvoreingenommen zu betrachten und zu bewerten und dann abschließend mit der Gesamtbeurteilung des Autors im Nachwort zu vergleichen.

Selbstdarstellungen

ETLICHE charismatische Prediger lenken durch ihr Auftreten und ihre Selbstdarstellung die Aufmerksamkeit der Christen auf ihr eigenes Können.

So bezeichnen sich die von T.L. Osborn ohne den Besuch eines Bibelseminars ordinierten Leiter des „Internationalen Evangeliums-Zentrums“ in Dortmund, Franz und Esther Kleefeld, selbst als ein „unbezwingbares Team.“[14]

T.L. Osborn wird von seiner Frau Daisy als „Gottes Werk Nr. 1“[15] bezeichnet.

William Branham, der im Alter von drei und sieben Jahren „göttliche Besuche“[16] gehabt habe, bezeichnete sich später selbst als den Engel aus Offb 3, 14 und 10, 7.[17] Entrückung und Weltende prophezeite er für das Jahr 1977.[18]

Zur ersten Menschheitsfamilie fiel ihm folgendes ein:
„... Kain sei der Sohn der ehelichen Verbindung von Eva mit der Schlange gewesen. Erst Abel sei der Sohn Adams.“[19] Diese will-

---

[14] Internationales Evangeliums-Zentrum, *Herzlich Willkommen. Traktat* (Dortmund: IEZ, 1989), S. 2.

[15] T.L. und Daisy Osborn, a.a.O., S. 91.

[16] Stanley M. Burgess, Gary B. McGee, Patrick H. Alexander, *Dictionary of pentecostal and charismatic movements* (Lake Drive: Zondervan Publishing House, 1988), S. 95.

[17] Ebd., S. 96.

[18] Ebd.

[19] Dr. Kurt Koch, *Heilung und Befreiung. Seelsorgerliche Hilfe für kranke, angefochtene und okkult belastete Menschen* (Berghausen: Evangelisationsverlag, 1969), S. 51.

kürliche Umdeutung entstammt dem „Ku-Klux-Klan", der noch hinzufügt, daß von Kain „die jüdische Rasse abstamme."[20]

Das Wort Gottes sei uns, laut Branham, in dreifacher Weise gegeben worden: Durch den Tierkreis, durch die ägyptischen Pyramiden und durch die Heilige Schrift.[21]

Die Bibel bringt den Tierkreis jedoch mit Götzendienst in Verbindung:

„Und er machte den Götzenpriestern ein Ende, die die Könige von Juda eingesetzt hatten

und die auf den Höhen, in den Städten von Juda und in der Umgebung von Jerusalem

Rauchopfer darbrachten und die, die dem Baal, der Sonne und dem Mond und dem

Tierkreisbild und dem ganzen Heer des Himmels Rauchopfer darbrachten." (2Kön 23, 5)

Von seinen Anhängern wird Branham als „ein Ebenbild der alten und neuen biblischen Propheten und Diener des Herrn Jesus Christus"[22] gesehen, der „alle Merkmale eines Propheten der Heiligen Schrift auf sich"[23] trug.

Rob Robinson, Co-Pastor der „Christlichen Gemeinde Köln", wird von dieser als „prophetisch Gesalbter mit einem besonderen geistlichen Blick"[24] hervorgehoben.

---

[20] Verne Becker, „The Counterfeit Christianity of the Ku Klux Klan", *Christianity Today (April 20, 1984)* (Carol Stream/Illinois: Christianity Today, 1984): 33.
Siehe auch: Bob Larson, *Das große Buch der Kulte* (Marburg: Francke, 1992), S. 315.

[21] William Branham, *Adoption* (o.O.: Spoken Word Publications, 1960), S. 104.

[22] Gordon Lindsay unter Mitarbeit von William Branham, *William Branham, ein Mann von Gott gesandt*, 2. Auflage, 1981 (Zürich: Pfarrer Rudolf Kägi, 1981), S. 226.

[23] Ebd.

[24] Christliche Gemeinde Köln, *Einladung zur Gemeindekonferenz vom 14.-16.02.1992* (Köln: CGK, 1992), S. 2.

Dr. Michael Brown erhielt sogar einen Spitznamen. Er berichtet: „Viele Leute, für die ich betete, brachen unter der Kraft des Geistes zusammen[25], ja ich bekam sogar den Spitznamen 'Knock-'em-down Brown' ('Leg'-sie-um-Brown')!"[26]

Reinhard Bonnke, der als der „Mähdrescher Gottes"[27] bezeichnet wird, veranstaltete vom 24. bis 27. Mai 1990 eine Großevangelisation in Hamburg. Dort verriet Ray McCauley, Pastor der „Rhema Bible Church" in Randburg/Südafrika, den Schlüssel zur Erweckung: „Wir müssen Tausende von Reinhard Bonnkes und Ray McCauleys überall in Deutschland haben!"[28]

Georg Jesze vom Missionswerk „Stimme der Erneuerung" bezeichnet sich selbst als „Der Dolmetscher Gottes"[29] und Siegfried Müller, Leiter des Missionswerks „Der Weg zur Freude", nutzt ein Gebet, um sich selbst zu inthronisieren: „Herr, i' dank' dir, daß i' a' Königskind bin, König von Karlsruhe!"[30]

---

[25] Siehe These Nr. 5, S. 33.

[26] Dr. Michael Brown, *Wo ist bloß die Kraft Gottes geblieben? Ruhen die Charismatiker im Geist oder liegen sie k.o. am Boden?* (Solingen: Gottfried Bernhard, 1995), S. 7.

[27] Kai S. Scheunemann, „Minus oder Plus? Reinhard Bonnke im Praxis-Gespräch: Warum die Aktion 'Vom Minus zum Plus' (k)ein Flop war.", *Praxis. Das Magazin für Gemeindeentwicklung Heft 1/96, Nr. 64* (Giengen: Arbeitsgemeinschaft für Gemeindeaufbau, 1996): 5-6.

[28] Christus für alle Nationen, *Ray McCauley, Seminar 1: Der Heilige Geist, 07.07.1989 (Fr., 9h), EHH 2* (Frankfurt: CfaN: 1989), Audiokassette, S. 1.

[29] Georg Jesze, *Der Dolmetscher Gottes* (Baden: Christliche Buchhandlung Ernst Jucker), S. 13.

[30] Thorsten Kutschmann, Wolfgang Zöller, „Gotteslästerliches aus Charismatikermund. Welcher unheilige Geist redet solche Worte?", *Prophetische Mahnwache Nr. 7 - 30. April 1995* (Siegen: PMW, 1995): 6.

Müller behauptet sogar, daß „durch Gebet beim Volltanken des Autos mit derselben Menge Benzin die doppelte Kilometerzahl gefahren werden könne."[31]

Morris Cerullo, der „Präsident der 'Welt-Evangelisation'"[32], bringt in dem Fortsetzungsband „Mache das Unmögliche für Dich möglich!" zu seinem eigenen literarischen Produkt „Die neue Salbung ist da!" folgenden Hinweis: „Das bedeutendste Buch, das jemals geschrieben wurde."[33]

„Vor dem Verderben kommt Stolz, und Hochmut kommt vor dem Fall." (Spr 16, 18)

Rodney Howard-Browne sieht sich als „Rambo des Heiligen Geistes"[34] und außerdem als „'Barmixer des Heiligen Geistes', der in seinen als 'Joels Kneipe' bezeichneten Veranstaltungen den 'neuen Wein' ausschenkt."[35] Von ihm kommt die Aufforderung: „Gib ein Opfer, kauf dir die Salbung!"[36]

„Es rühme dich ein anderer und nicht dein eigener Mund, ein Fremder und nicht deine Lippen!" (Spr 27, 2)

„Sein Lob kommt nicht von Menschen, sondern von Gott." (Röm 2, 29)

---

[31] Klaus Schmidt, *Offener Brief an Herrn Siegfried Müller, Missionswerk „Weg zur Freude" in Karlsruhe*, 6. November 1986 (Crailsheim: Klaus Schmidt, 1986), S. 1.

[32] Morris Cerullo, *Mache das Unmögliche für Dich möglich!* (Berlin: Lothar Hoffmann - Christlicher Erweckungs-Verlag, 1972), S. 6.

[33] Ebd., S. 2.

[34] Werner Bartl, *Hinter den Kulissen -Teil 2*, 1. Auflage, März 1996 (Linz: W. Bartl, 1996), S. 15.

[35] Wolfgang Bühne, „'Bruder Rodney' pfiff und alle tanzten", *fest und treu Nr. 72 - Jg. 1995* (Bielefeld: CLV, 1995): 13.

[36] Werner Bartl, *Hinter den Kulissen -Teil 2*, a.a.O., S. 15.

FCJG, CHAMP und NIMMZWEI

IM Folgenden soll die Arbeit einzelner Prediger, Gemeinden und Werke im Hinblick auf ihre Gottesvorstellung untersucht werden. Zuvor sei eine Bibelstelle aus Jesaja 55, 8-9 erwähnt, wo Gott sein eigenes Wesen beschreibt:

„Denn meine Gedanken sind nicht eure Gedanken, und eure Wege sind nicht meine Wege, spricht der HERR. Denn so viel der Himmel höher ist als die Erde, so sind meine Wege höher als eure Wege und meine Gedanken als eure Gedanken."

Walter Heidenreich, Leiter der Freien Christlichen Jugendgemeinschaft (FCJG) in Lüdenscheid, kannte dagegen Gottes Wege und Gedanken einmal ganz genau. Er verkündigte am Donnerstag, dem 14. Juli 1994, auf dem Europäischen Teenager-Kongreß in Recklinghausen:

„Gott wird Erweckung geben. Er springt vor Begeisterung von seinem Thron auf, weil sich so viele Teenager versammelt haben und sagt: 'Da sind sie, meine Helden für die Zukunft! Auf sie will ich meinen Geist ausgießen!'"[37] Dieser Predigtauszug wurde schließlich noch in CHAMP Nr. 3/94 auf Seite 16 abgedruckt.

[37] o.O., „Your Kingdom Come. Recklinghausen Report", *CHAMP Nr. 3/94* (Lüdenscheid: FCJG, 1994): 16.

Der von der FCJG herausgegebene CHAMP ist ein Teenagermagazin mit BRAVO-Outfit und BRAVO-Jargon.[38] Er verteidigt die Pantheistin[39] und Synkretistin[40] Mutter Teresa (1910-1997)[41]

---

[38] Vgl. Begriffe wie „Schweinegeld“ und „verarschen“ in: M. Rohsmann/P. Kolter, „Guns N' Roses. Appetit auf Zerstörung“, *CHAMP Nr. 1/94* (Lüdenscheid: FCJG, 1994): 17.
Außerdem der Begriff „Scheiße“ in: Désirée Bourggraff, „Ecstasy: Hans im Glück“, *CHAMP Nr. 3/96* (Lüdenscheid: FCJG, 1996): 29.

[39] Vgl. die folgenden Zitate aus:
Malcolm Muggeridge, *Mutter Teresa. Leben und Wirken der Friedensnobelpreisträgerin*, 7. Auflage, Februar 1980 (Freiburg: Herder, 1977):
Seite 16-17: „Einfach nur bereit, ihrem Herrn zu folgen, in jedem menschlichen Wrack, ... ihn zu sehen; ... in den Armstümpfen jedes Aussätzigen die Hände zu erkennen, die einst blinde Augen berührt und sehend gemacht haben, ...“
Seite 63: „In der heiligen Kommunion haben wir Christus in der Gestalt von Brot. In unserer Arbeit finden wir ihn in der Gestalt von Fleisch und Blut. Es ist derselbe Christus.“
Seite 73-74: „Malcolm: Was eigentlich tun Sie für diese sterbenden Menschen? ... Mutter Teresa: ... Daß sie auch erfahren, daß sie Kinder Gottes sind ...“
Seite 88: „Denn in den Menschen werden sie Gott finden ... Weil wir Christus nicht sehen können, können wir unsre Liebe zu ihm nicht ausdrücken. Aber unsre Nächsten können wir immer sehen, ...“
Seite 90: „Aber hier in den Slums, im zerstörten Leib, in den Kindern sehen wir Christus und berühren ihn.“
Vgl. auch: Navin Chawla, *Mutter Teresa. Die autorisierte Biographie* (München: Goldmann, 1993), S. 14, 26.

[40] Ebd., S. 117: „1. 'Die Internationale Vereinigung der Mitarbeiter Mutter Teresas' bestehend aus Männern, Frauen, jungen Leuten und Kindern aller Religionen und Konfessionen in der ganzen Welt, die Gott in ihren Mitmenschen zu lieben suchen ... Und die sich im Geist des Gebets und des Opfers mit dem Werk Mutter Teresas und der Missionare der Nächstenliebe vereinigen.“

[41] o.O., „Coole Teresa“, *CHAMP Nr. 4/94* (Lüdenscheid: FCJG, 1994): 29.

und enthält farbige Riesenposter von christlichen Rockstars. Mutter Teresa übrigens hat mit Gott folgendes Abkommen geschlossen: „Für jedes Foto, das man von ihr schieße, dürfe eine arme Seele aus dem Fegefeuer in den Himmel. Seitdem, sagt sie, ertrage sie das Blitzlichtgewitter, das sie umgibt, mit Fassung. Schließlich bringe es Segen."[42]

Was bei einer Bekehrung geschieht, formuliert Mutter Teresa folgendermaßen: „Wir werden dann ein besserer Hindu, ein besserer Moslem, ein besserer Katholik, je nachdem welcher Religion wir angehören. ... Welchen Zugang würde ich wählen? Für mich wäre es natürlich der katholische Weg, für Sie wäre es vielleicht der hinduistische, für jemand anderen der buddhistische, je nach dem eigenen Gewissen. Was Gott Ihrer Vorstellung nach ist, das müssen Sie annehmen."[43] Diese Haltung der Unverbindlichkeit und Willkür wird dem Leser in diesem Buch noch an weiteren Stellen begegnen.

David Pierce von der charismatischen Punkrockgruppe „No Longer Music", einem „Teil der Arbeit von JMEM (Jugend mit einer Mission) Amsterdam"[44], erklärte: „Ich glaube, daß Gott große Anbetungskonzerte in Amsterdam ins Leben rufen möchte, zu denen Tausende junger Menschen erscheinen, wo Multimedia und Laser und Rauchbomben benutzt werden, wenn über Gottes Kraft und Macht gesprochen wird."[45]

Dann schilderte er einen Konzertauftritt: „Auf der Bühne hatten wir einen Grabstein stehen, und als die Musik anfing zu spielen, stellte ich mich auf den Grabstein und sagte, daß ich den Teufel verkörperte: 'Willkommen in der Hölle.' Der Name von diesem Lied ist 'Das Willkommenslied.' Und dann kam ich nach vorne und sang: 'Willkommen in der Hölle' und zwar so, als ob ich der Teu-

---

[42] o.O., „BWZ-Tips der Woche. PORTRÄT", *Bunte Wochen-Zeitung Nr. 13. TV-Programm vom 30.3. bis 5.4.1996* (Düsseldorf: MEDIA Zeitschriften, 1996): 20.

[43] Dave Hunt/T.A. McMahon, *Die Verführung der Christenheit*, 2. Auflage, 1987 (Bielefeld: CLV, 1987), S. 71.

[44] o.O., „No Longer Music, David Pierce", *CHAMP Nr. 1/89* (Lüdenscheid: FCJG, 1989): 19.

[45] Ebd., S. 16.

fel wäre. Und jeder hörte auf all meine Lügen. So fingen wir dieses Konzert an."[46]

Der CHAMP beschreibt „No Longer Music" folgendermaßen: „NLM, das ist der ohrenbetäubende Schrei, mit dem David Pierce gelegentlich aus seinem Sarg springt!!! 'Welcome to Hell!' (Willkommen in der Hölle), Punk aus Amsterdam. Konfrontation durch Texte, die schocken, Anbetung für den, dem sie dient - Musik für Gott!"[47]

Bei derartigen Themen fangen charismatische Zuhörer sogar an zu lachen. Julia Duin zitiert Rodney Howard-Browne in Charisma, August 1994: „Eines Abends predigte ich über die Hölle und Gelächter begann den ganzen Raum schlagartig zu erfüllen. Je mehr ich den Menschen erzählte, wie die Hölle sein würde, desto mehr lachten sie."[48]

Einige Jahre später ließ der CHAMP erneut David Pierce über einen Konzertauftritt von „No Longer Music" berichten: „Wir haben 'ne Menge neuer Dinge in unseren Konzerten, z.B. die Sache mit der Kettensäge. Da ist 'ne Mauer auf der Bühne, durch die ich mich durchsäge, das 'Wheeeengg, Wheeenggg ...' der Kettensäge dröhnt durch die P.A. (und alle sagen: 'Ey, starke Musik ...'). Wenn ich durch bin, spring' ich auf die Bühne, reiße mir die Gasmake runter, drück' die Kettensäge 'nem Vampir in die Hand und dann geht das Konzert ab ..."[49]

Über sogenannte „Party-Gottesdienste"[50] heißt es im CHAMP: „Rave 4 Christ. Tanz den Techno für den Herrn. Toben für Christus ... 'Rund 1000 Technofans erlebten das Evangelium als Light- und Soundshow.' ... Außerdem gab's sehr moderne An-

---

[46] Ebd., S. 19.

[47] o.O., „No Longer Music - die ganz andere Musik", *CHAMP Nr. 2/89* (Lüdenscheid: FCJG, 1989): 22.

[48] Werner Bartl, *Hinter den Kulissen*, 6. Auflage, November 1995 (Linz: W. Bartl, 1995), S. 39.

[49] Petra Kolter, „No Longer Music", *CHAMP Nr. 2/96* (Lüdenscheid: FCJG, 1996): 12.

[50] o.O., „Rave 4 Christ", *CHAMP Nr. 3/96* (Lüdenscheid: FCJG, 1996): 37.

betung, eine Performance[51] der Kreuzigung und Predigt mit musikalischer Begleitung vom DJ. ... Aus 4 Lautsprechern stampft der Rhythmus, zu Stroboskop-Blitzen und farbigen Lasern gibt's Videobilder aus Bibelfilmen. ..." Das Rezept dazu ist einfach: „'Gott will, daß wir Spaß haben', ..."[52]

Ihrer Phantasie freien Lauf läßt Sylvia Nesovic in ihrem „Exklusivinterview mit Jesus"[53]: „Er legt seinen Arm um mich, als wär' ich sein allerbester Freund. Tut das gut. ... Jesus dreht sich plötzlich um und ruft ein kleines Kind zu sich. 'Also das beantworte ich gerne.' Lacht und tätschelt dem Kind die Wange. ..."[54] Schließlich wird der CHAMP-Jesus noch zum Thema Pfingsten befragt: „Wie war das mit dem Heiligen Geist an Pfingsten? Es heißt, die Jünger seien sturzbetrunken gewesen. War das wirklich so?' Ich hab' die Frage fast noch nicht zu Ende gestellt, da merk' ich, wie ein glucksendes Lachen aus meinem Bauch rauskullert. Was ist das denn? Aber ich finde gar keine Zeit mich zu wundern, weil vor mir folgendes passiert (Ich glaub's ja nicht!): Jesus rollt sich tatsächlich ab und verschluckt sich fast vor Lachen. Ehrlich, ich habe Mühe, seine Antwort überhaupt zu verstehen." Dann soll dieser Jesus antworten: „Das mußt du einfach nachlesen. Mein Freund Lukas hat's doch genau aufgeschrieben. Es ist einfach so, daß viele nicht kapiert haben, was da abgegangen ist."[55]

In einem anderen Artikel heißt es beruhigend: „Gott fällt nicht von Seinem Thron."[56]

CHAMP-Mitarbeiterin Stefanie Ackermann bietet in ihrem Artikel „Alkohol. Voll sein ist voll geil"[57] folgende Alternative:

---

[51] „Performance" kann mit „Aufführung" übersetzt werden.

[52] o.O., „Rave 4 Christ", a.a.O., S. 36-37.

[53] o.O., „Titelblatt", *CHAMP Nr. 2/96*, a.a.O., S. 1.

[54] Sylvia Nesovic, „Jesus. Exklusivinterview. Dem Wundertäter auf der Spur", *CHAMP Nr. 2/96*, a.a.O., S. 5.

[55] Ebd.

[56] Walter Heidenreich/Petra Kolter, „Apokalypse Now!? Die Zukunft beginnt genau jetzt!!!", *CHAMP Nr. 1/96* (Lüdenscheid: FCJG, 1996): 36.

[57] Stefanie Ackermann, „Alkohol. Voll sein ist voll geil", *CHAMP Nr. 1/96*, a.a.O., S. 28.

„... Ist eigentlich ganz einfach: Laß dich vom Geist Gottes abfüllen, und er bringt dich gut drauf."[58]

Wie der CHAMP beherrscht auch „NIMMZWEI" die Gossensprache. Dieses Gesangsduo ist der „evangelistische Arbeitszweig des Christlichen Zentrums Frankfurt"[59], dessen Pastor Rudi Pinke den sogenannten Toronto-Segen nach Deutschland importiert hat.[60]

Im CHAMP wird dessen „klare Botschaft"[61] gelobt.

Hier eine Kostprobe: In dem Stück „Mr. Pharao" geht es um 2. Mose 3:

> „... aus dem feurigen Strauß sprach Gott zu mir heraus. Er meint zu mir: Hey Moses, Alter, hast du etwas Zeit? Ich sach: Yo, ein paar Minuten, aber nicht die Ewigkeit. ... Eins war mir klar, der Typ im Strauch wollt' nicht diskutieren, so blieb mir gar nichts übrig, als loszumarschieren. Er gab mir noch 'n Stock, um mich unterwegs zu stützen, und dachte wohl, der Knüppel könnte mir irgendwie nützen. Echt, ein Porsche und die Spesen wär'n mir lieber gewesen, stattdessen gab das Wesen mir den Stiel von 'nem alten Besen. ..."[62]

In einem Zeitungsartikel hieß es über eine christliche Jugendveranstaltung mit diesem Duo:

---

[58] Ebd.

[59] NIMMZWEI, *Wir wollen nur deine Seele* (Dettenhausen: Pila, 1993), Compact-Disc: Textheft, S. 23.

[60] o.O., „INTERVIEW mir Rudi Pinke, dem Leiter des Christlichen Zentrums Frankfurt (Main)", *CHARISMA Nr. 90, Oktober - Dezember 1994* (Düsseldorf: Charisma, 1994): 6.

[61] o.O., „Pila", *CHAMP Nr. 1/93* (Lüdenscheid: FCJG, 1993): 43.

[62] NIMMZWEI, „Mr. Pharao", *Wir wollen nur deine Seele*, a.a.O., Compact-Disc: Titel-Nr. 4.

„'Nimmzwei' lieferten ein Feuerwerk aus Gags, Musik und Kabarett, das die Siegerlandhalle zum Tollhaus werden ließ."[63]

Für die christliche Jugendzeitschrift „dran" schreibt „NIMMZWEI"-Sänger Jakob Friedrichs regelmäßig unter der Rubrik „Praxis Magazin" einen Artikel mit der Überschrift „Jacobs Meinung", wo er zum Beispiel seine Empfindungen nach einer arbeitsreichen Zeit offenbart: „Ich mein', gerade an dem Punkt, wenn man sich am Ende fühlt, würde es einem doch am meisten bringen, wenn Gott mal so richtig auf die Pauke haut, den Himmel aufreißt und der armen gebeutelten Seele was actionmäßiges bieten würde, oder? ... Manchmal bin ich echt sauer, weil Gott einfach nicht das macht, was er in diesem Augenblick machen sollte. Ich mein', ich hab Jesus schon oft gefragt, warum er nicht so funktioniert, wie ich mir das vorstelle. Es wäre doch so praktisch. Meistens antwortet er mir daraufhin so etwas wie: 'Weil ich Gott bin und du nicht!' Bescheuerte Antwort, nicht?"[64]

In seiner Beziehung zu Gott zweifelt Friedrichs daran, „daß er nicht gleich sauer vom Thron hüpft, wenn ich Schwierigkeiten dabei habe, mich auf ihn zu konzentrieren."[65]

In einer anderen Ausgabe von „dran" plädiert er für eine „heftige, wilde und leidenschaftliche Liebesbeziehung"[66] mit Jesus Christus: „In meiner Stillen Zeit sitze ich manchmal einfach nur da, forme mit dem Mund (Luft)Küsse und stelle mir vor, Jesus zu küssen."[67]

„Jacobs Meinung" zur Bergpredigt lautet unter anderem folgendermaßen: „Ich glaube, ich wäre ziemlich gut darin, meine Feinde zu lieben, wenn es keine Feinde gäbe. Oder wenn Jesus

---

[63] o.O., „Sinnvoller leben mit Jesus Christus. Offene Abende mit sechs Veranstaltungen umfangreich wie nie zuvor - Cae Gauntt ein Höhepunkt", *Siegener Zeitung, 26.02.1996* (Siegen: SZ, 1996): 11.

[64] Jakob Friedrichs, „Jacobs Meinung: Warum funktioniert der liebe Gott nicht?", *dran Nr. 3/1996, März/April* (Witten: Bundes-Verlag, 1996): 55.

[65] Ebd.

[66] ---. „Jacobs Meinung: Was wäre, wenn Gott gestern gestorben wäre?", *dran Nr. 2/1996, Februar*, a.a.O., S. 61.

[67] Ebd.

noch eine Klausel eingebaut hätte, die es erlaubt, nachdem man die andere Wange hingehalten hat, einem Feind voll in den A … zu treten. … Ich kann ja schon ausrasten, wenn jemand einfach nur mehr Recht hat als ich. Oder wenn er wirklich Unrecht hat, aber keine Sau das einsehen will."[68]

Die saloppen Sprüche von Jakob Friedrichs lassen erahnen, daß seine Dogmatik auch alles andere als eng und geradlinig ausfällt. Er kritisiert: „Wer nicht die richtige Frisur hat, nicht der richtigen Lehre anhängt, wer in Zungen spricht oder nicht in Zungen spricht, wer sexuelle Schwierigkeiten hat, wer sich scheiden läßt, wer schief singt, raucht oder sonst irgendeinen 'Makel' hat, der hat es in der Kirche Jesu schwer."[69]

Seine Beziehung zu Gott drückt Friedrichs auch in dem Lied „Hip Hop Hurray" aus:

„Hey - ich will Dich spüren, will Dich jeden Tag berühren. Will Dich lieben, will Dich schmecken. Will mir meine Lebensgeister wecken lassen von Dir, Denn Du bist immer bei mir."[70]

In seinem Lied „Wirklichkeit?" bekennt Friedrichs: „Ja, ich für meinen Teil finde die Bibel sogar geil …"[71]

Nicht besonders 'heilig' scheint für Hans Mührmann, seinerzeit Leiter des „Mitarbeiterrings Evangelische Jugend" (MAR) in Hagen, die Zeit des Zusammenseins von Mose und Gott im Zelt der Begegnung gewesen zu sein. Laut Mührmann hat Mose „da mit Gott rumgehangen und fing dann an zu strahlen."[72] Heute ist Mührmann Pastor der „Gemeinde unterwegs" in Bochum und Vorsitzender des Freikirchlich Evangelischen Gemeindewerks in Deutschland.

---

[68] Jakob Friedrichs, „Jacobs Meinung: Von armen Würstechen, die Steine werfen", *dran Nr. 2/1997, Februar*, a.a.O., S. 64.

[69] Ebd.

[70] NIMMZWEI, „Wirklichkeit?", *Karikatour. Eine Revue über Glück, Frieden und andere traumatische Erlebnisse*, a.a.O., Compact-Disc: Titel-Nr. 10.

[71] —. „Hip Hop Hurray", *Karikatour.*, a.a.O., Compact-Disc: Titel-Nr. 15.

[72] Mitarbeiterring Evangelische Jugend, *Jüngerschaftstraining: Hans Mührmann, Vaterherz Gottes - Innere Heilung* (Hagen: MAR, 21.09.1989), Audiokassette, S. 1.

Jesus-Freaks, Christus-Anhänger oder Abhänger?

IM Vergleich mit den Jesus-Freaks scheint das im vorigen Kapitel erwähnte Teenagermagazin CHAMP sowie das Gesangsduo NIMMZWEI mit seiner saloppen Sprache äußerst harmlos und noch erträglich zu sein.

Die Jesus-Freaks dagegen bedienen sich extrem vulgärer und obszöner Begriffe, sowohl in ihrer Beschreibung von Gott, als auch von Satan.

Wer sind nun die Jesus-Freaks? Hier ist zunächst die Person Wolfram Kopfermann zu nennen. Er war zehn Jahre lang Leiter der charismatischen „Geistlichen Gemeinde-Erneuerung (GGE) innerhalb der Evangelischen Kirche“[73]. 1988 gründete er in Hamburg die evangelikal-charismatische Anskar-Kirche.[74] Diese Freikirche besuchte auch der 1965 geborene Martin Dreyer, der schon in Kopfermanns früherer Wirkungsstätte, der St. Petri-Kirche in Hamburg, an den charismatischen Gottesdiensten teilnahm.[75]

Kopfermann ordinierte Anfang 1994 Dreyer „zum ersten Anskar-Pastor in der Freak-Arbeit“[76].

Die weiteren Mitarbeiter werden in der Jesus-Freak-Zeitung „Der kranke Bote“ als „Sklaven/Leiter/Ärsche“[77] bezeichnet, wobei

---

[73] Wolfram Kopfermann, *Macht ohne Auftrag. Warum ich mich nicht an der „geistlichen Kriegsführung“ beteilige* (Emmelsbüll: C & P, 1994), Buchrückseite.

[74] Ebd.

[75] Michael Ackermann, *Jesus-Freaks*, 3., aktualisierte und erweiterte Auflage 1997 (Wuppertal: R. Brockhaus, 1994), S. 13.

[76] Ebd., S. 55.

Dienstgruppen-Leiter „Sklaven“[78] heißen und der Ältestenkreis sich die „letzten Ärsche“[79] nennt. So bekennt Dreyer: „Ich bin der 'letzte Arsch'.“[80] [81] Das Leitertreffen heißt dann entsprechend: „Ärsche-Wochenende“[82]

Kopfermann gilt bei bibeltreuen Christen aufgrund seiner folgenden Aussage als umstritten: „Ich bediene mich mit Freude und Gewinn der historischen Bibelauslegung - im vollen Bewußtsein der Abgründe, die das Stichwort 'historisch-kritisch' einschließt.“[83] Dreyer lernte von ihm das - wie er es sagt - „Dahintergucken, auch historisch-kritisch“[84]. Doch im Gegensatz zu Kopfermann, der sich durch sein Buch „Macht ohne Auftrag. Warum ich mich nicht an der 'geistlichen Kriegsführung' beteilige“ von dieser charismatischen Extremlehre verabschiedete, heißt es bei den Jesus-Freaks: „Christus will, daß wir in der geistlichen Welt Terror machen.“[85]

---

[77] Jesus Freaks International, *Der kranke Bote. Nachrichten und Neuigkeiten aus der Jesus Freak Szene* (Hamburg: JFI, 1995), S. 2.

[78] o.O., „Evangelisation, 'Jesus-Abhäng-Abende': Ein Hamburger Suchttherapeut geht neue Wege - Ein 'Goldfisch' für die Jesus-Freaks“, *Kirche für morgen 4/94* (Emmelsbüll: Ökumenisches Gemeinde-Institut, 1994): 21.

[79] Ebd.

[80] Ebd.

[81] So hieß es in der Zeitschrift der Evangelisch-Freikirchlichen Gemeinden (Baptisten) „Die Gemeinde Nr. 17/96:

„Wenn die Freaks selbst ihren Gemeindeleiter als 'Oberarsch' bezeichnen, ist für einige die Grenze des guten Geschmacks weit überschritten.“

Günter Mahler, „Herausforderung: die Jesus-Freaks!“ in: *Der späte Gote. Lieber spät als nie. Jesus Freaks Meckerblatt, Jahrgang 1 - Ausgabe 4/1996* (Hamburg: JFH, 1996): 37.

[82] Zoran Jokic, „JF Kronach“, *Der wache Turm. Nachrichten und Neuigkeiten aus der Jesus Freak Szene, Jahrgang 2- Ausgage 2/1997* (Hamburg: JFH, 1997): 22.

[83] Wolfram Kopfermann, „Das schätze ich an Ihnen, ... Herr Bühne!“, *AUFATMEN. Gott begegnen - authentisch leben Nr. 1/96* (Cuxhaven: Bundes-Verlag, 1996): 67.

[84] Michael Ackermann, a.a.O., S. 55.

[85] Ebd., S. 89.

Dreyer wurde zu folgender Arbeit von Kopfermann „ermutigt und unterstützt“[86]:

Neben dem Sonntagmorgengottesdienst in der Jesus-Freak-Kneipe „Gnlpswxybd“[87], wo die Freaks ihren „tierisch-geilen Gott“[88] loben, fing Dreyer freitags von 20-24 Uhr[89] im Hamburger „Marquee-Club“ mit einem „Jesus-Abhängabend“[90] an. Bei diesem kann man „mit Jesus abhängen, sich die Bibel („dieses affenstarke Buch“[91]) reintun und mit Gott labern.“[92] Dort gibt es Bier, Schnaps und einen Kondomautomaten auf dem Klo.[93]

Dreyers erster christlicher Kontakt war seine Schwester, die ihn des öfteren überredete: „Du Martin, mit Jesus kann man auch ‘n Joint rauchen, komm doch mal in den Gottesdienst, da sitzen auch andere fertige Typen rum.“[94] So war dann auch Dreyers Strategie: „Wir wollten, daß die Leute, die zu uns kommen und keine Christen sind, auch rauchen dürfen während des Gottesdienstes.“[95] Eigentlich mag Dreyer den biblischen Begriff „Gottesdienst“ aus Röm 12, 1 nicht: „Uuuuha, scheußliches Wort! Wir nennen unser Treffen Jesus-Abhäng-Abend!“[96]

Im Fernsehen erklärte Dreyer, wie es zu diesen Gottesdiensten kam: „Wir haben zu Gott gesagt: Okay, wir geben dir diesen

---

[86] o.O., „Evangelisation, „Jesus-Abhäng-Abende’ ...“, a.a.O., S. 21.

[87] Michael Ackermann, a.a.O., S. 91.

[88] o.O., „Evangelisation, ‘Jesus-Abhäng-Abende’ ...“, a.a.O., S. 21.

[89] Ebd.

[90] Michael Ackermann, a.a.O., S. 43.

[91] Birgit Buchholz-Rassy, „Jesus ist geil!“, *GIRL!* in: Jesus Freaks International, *Jesus Freaks Information* (Hamburg: JFI, 1996): 23.

[92] N 3, *Jesus-Freaks. Die schrillen Jünger vom Kiez* (Hamburg: Norddeutscher Rundfunk, 1994).

[93] Uwe Heimowski, „Coolness and Credibility. Die Jesus Freaks“, *TENNS Mag Nr. 1/95, März/April* (Witten: Bundes-Verlag, 1995): 51.

[94] Michael Ackermann, a.a.O., S. 37.

[95] Uwe Heimowski, a.a.O., S. 13-14. Siehe auch: Michael Ackermann, a.a.O., S. 44.

[96] o.O., „Evangelisation, ‘Jesus-Abhäng-Abende’ ...“, a.a.O., S. 21.

Abend, und wenn du Bock d'rauf hast, das zu machen, dann mach es. … Ich frag' Gott um 'n Parkplatz, … und er erhört das, … besonders Parkplatzgebete, sehr geil. … Und das ist halt das Geile an Jesus, er ist immer da. … Manchmal spricht Gott auch zu mir durch 'ne gute 'Raumschiff Enterprise'-Folge."[97]

So ist zu erklären, daß die Jesus-Freaks im Internet eine 'Raumschiff Enterprise'-Melodie laufen lassen, während sich unter dem Schriftzug „Jesus Freaks" lodernde Flammen bewegen und auf einer anderen Seite ein Alien[98] zu sehen ist.[99] Selbst das Untergeschoß des „Gnlpswxybd" ist dem Raumschiff Enterprise nachempfunden.[100] „Vor den Klos sind auf dem Monitor Spock und Co. zu bewundern. Das versüßt das Warten, …"[101] heißt es in Michael Akkermanns Buch über die Jesus-Freaks.

Schließlich hat Dreyer auch folgende Inspiration: „… und da hat Jesus zu mir gesagt: 'Martin, ich möchte, daß du einen Strip-Tease[102] machst!'"[103]

Die Berliner Jesus-Freaks verraten in einem Info-Brief die Herkunft ihrer Inspiration: „Djisässfriikx BÄHrliin Hi Freaks! JESUSISSOGEILDASSICHSKAUMAUSHALTEHALLELUJAHKOMMTSOGUT! Die BIG NEWS sind, daß wir unser'n ersten Open door-Jesus-Abhängabend hinter uns haben! Wir haben 'ne Kneipe in Kreuzberg für den Abend kriegen können. Das 'Hades' ist 'ne richtig geile Kneipe. Nicht nur wegen dem Namen ('Totenreich'), sondern auch wegen dem echt coolen Outfit: Die Wände rings um [sic!] sind mit Flammen bemalt. Das gibt einem das 'Höllenfeeling' und inspiriert."[104]

---

97 N 3, a.a.O.

98 Alien (engl.: Außerirdischer).

99 Jesus Freaks Hamburg, http://www.jesusfreaks.com/enter.htm, Homepage (JFH: Hamburg, 1997).

100 Michael Ackermann, a.a.O., S. 92.

101 Ebd.

102 Strip-Tease (engl.: Entkleidungsnummer).

103 Martin Dreyer, *Bibel als Waffe*, Predichtkase Nr. 6, a.a.O., S. 1.

104 Jesus Freaks Berlin, *Djisässfrikx BÄHrliin. Hi Freaks!* (Berlin: JFB, o.J.), S. 1.

Zu Beginn eines der „Abhäng-Abende" erklärt Dreyer mit der Aufschrift „Jesus Terror Force"[105] auf seinem Kapuzen-Shirt:

„Wir werden jetzt anfangen mit Live-Musik, dann gibt es so 'ne Zeit 'Labern mit Gott', wo jeder so, wie er Bock d'rauf hat, und das beton' ich noch 'mal: So wie du Bock d'rauf hast, kannst du mit Gott reden. Wenn du Bock hast, zu tanzen, dann kannst du tanzen. Wenn du Bock hast, dich auf'm Boden zu wälzen mit Schaum vor'm Mund, dann wälz' dich auf'm Boden mit Schaum vor'm Mund. Wenn du Lust hast, die Hände zu heben, dann heb' sie. Wenn du dir dabei in der Nase puhlen willst, mach' das auch. ... Und ich bin froh, daß ich mich für Jesus entschieden hab', weil ich weiß, es gibt nichts Geileres, als mit ihm zu leben."[106]

Außerdem betet Dreyer: „Gott, du bist so geil, so tierisch, ich steh auf dich!"[107]

Zum Repertoire der Musikband mit Namen „Heilige Bombenleger"[108] die für „Metal-, Punk- und Heavy-Rock-Musik"[109] bzw. „Pogo-Stagedive-Lobpreis"[110] zuständig ist, gehört auch der Titel „Jesuskuschelzeit"[111]. Martin Dreyer: „Ein geiles Lied!"[112] Ein typisches Gebet von Dreyer: „Ich möcht' dich einfach bitten, daß du mal wieder deine Muskeln spielen läßt, Jesus ..."[113]

Daß dies kein Ausrutscher war, bekennt Dreyer in der christlichen Jugendzeitschrift „dran": „Jesus, du bist mein Held, du bist mein Supermann, laß deine Muskeln spielen. Ich steh auf dich, Je-

---

105 Michael Ackermann, a.a.O., S. 60.

106 N 3, a.a.O.

107 o.O., „Evangelisation, 'Jesus-Abhäng-Abende' ...", a.a.O., S. 21.

108 Andreas Dietrich, „Jesus lebt", *FACTS Nr. 34/1996* in: Jesus Freaks International, *Jesus Freaks Information*, a.a.O., S. 18.

109 Ebd.

110 Jesus Freaks Hamburg, *Der späte Gote*, a.a.O., S. 52 Beim „Pogo-Stagedive-Lobpreis" handelt es sich um Punk-Rockmusik, bei der die Zuhörer wild tanzen, sich dabei anrempeln (sog. 'pogen') und vom Podium kopfüber in die Menge springen (sog. 'stage diving').

111 Kai Bargmann, „Jesus, du bist ein turbogeiler Typ", *BRAVO Nr. 39/94, 22.09.1994* (München: Heinrich Bauer Smaragd, 1994): 25.

112 Ebd.

113 N 3, a.a.O.

sus."[114] Weiter berichtet er in „dran": „Mir ist oft vorgeworfen worden, daß ich gesagt habe, daß man Abendmahl mit Bier und Chips feiern kann. Dazu kann ich theologisch sogar stehen."[115]

In einer Predigt äußert Dreyer: „Wenn ich mir Jesus so angucke, dann muß ich einfach sagen: Jesus ist wirklich der freakige Freak der Freaks. Und Jesus ist wirklich der abgedrehteste, verrückteste Typ, den es je gegeben hat."[116]

Auch vor den Aposteln macht Dreyer keinen Halt: „Und wenn ich in der Bibel nachlese, dann sagt der perverse Jakobus im ersten Kapitel sogar: Wir sollen uns darüber freuen, wir sollen sogar dafür danken, wenn wir versucht werden."[117] Unhaltbar ist auch Dreyers sogenannte zeitgemäße Auslegungsweise. Dazu zwei Beispiele:

Im Schweizer „idea magazin" findet sich folgendes Zitat von ihm: „Jesus schimpfte: Ihr Schlangenbrut! Ihr Otterngezücht! Das heisst heute: Ihr Wichser! Ihr alten Ärsche!"[118] Hier scheint Dreyer nicht verstanden zu haben, daß mit der Äußerung Jesu zu den Schriftgelehrten und Pharisäern in Mt 23, 33 gemeint war, daß diese „von der 'alten Schlange' (Offb 12, 9; 20, 2; 1.Mose 3, 1ff)" geboren worden sind.

Bei einer Predigt über das Wunder Jesu auf der Hochzeit zu Kana, erklärt Dreyer, was Jesus den Freaks zeigen will: „Hier, ich bin der Party-Jesus, ich hab' Bock d'rauf! Wenn ihr Party machen wollt, hier bin ich! Mit mir könnt ihr tanzen!"[119] Beim Tanzen ist für den Hamburger Freak-Mitarbeiter Tobias Görtz das Sprachen-

---

[114] Uwe Heimowski, „Durchgeknallt für Jesus", *dran Nr. 8/1995, August* (Witten: Bundes-Verlag, 1995): 25.

[115] Ebd.

[116] Martin Dreyer, *Bibel als Waffe*, Predichtkase Nr. 6 (Hamburg: JFH, o.J.), Audiokassette, S. 1.
Siehe auch: Michael Ackermann, a.a.O., S. 6.

[117] ---. *Versuchung*, Predichtkase Nr. 27 a, a.a.O., S. 1.

[118] o.O., „Gott ist unser Kumpel", *idea magazin Nr. 19/95 vom 1. Dezember 1995* (Luzern: Informationsdienst der Evangelischen Allianz, 1995): 33.

[119] Martin Dreyer, *Trink im Heiligen Geist*, Predichtkase Nr. 27 b, a.a.O., S. 2.

reden „monstergeil“[120]: „Also letztens war ich im Marquee und da war so Techno und es war ... ich hatte eine so geile Zeit gehabt; das könnt ihr euch gar nicht vorstellen.“[121]

Wird Martin Dreyer während einer Predigt schon einmal unterbrochen, praktiziert er zur eigenen Stärkung ein falsches (pseudocharismatisches) Zungenreden: „... Grimloseleleleriofuldoendiosälialalafuldo ...“[122] Beim Gebet für andere hört man von ihm: „... Fremomassarenadafordakdedadaprepreprepreprprpr ...“[123]

Durch den Toronto-Segen hat Dreyer „eine neue Dimension von Gottesdienst erlebt.“[124] So fragt er: „Hast du schon mal den Heiligen Geist geschmeckt? Ich meine, nicht nur auf der Zunge, sondern auch am Körper. Wenn nicht, dann hast du was verpaßt, denn es fühlt sich gut an ... Habt ihr Bock d'rauf 'n kleinen Schnaps zu nehmen, 'n kleinen Nipp zu nehmen vom Heiligen Geist?“[125]

Dreyer berichtet, daß am Anfang der Heilige Geist „wie ein riesiger Halogenstrahler“[126] in ihn fuhr. Über eine Freundin aus Amsterdam sagt er: „Es war, als wenn sie so einen Bienenstrahl über sich hatte und sie konnte kaum noch reden.“[127] Conny (Cornelia) Händel, Freak-Mitarbeiterin aus Weimar, berichtet über die „Jesus Freaks Tour Sylvester 96/97“: „... jedesmal [sic!] wenn ich meine bibel [sic!] berühre, kriegte ich einen kleinen sanften stromschlag [sic!].“[128]

Einer der Freaks legte auf einer Party in Hamburg sein Zeugnis ab: „Ich habe die geilste Droge entdeckt, das ist Jesus und der

---

[120] Tobias Görtz, *Kein Bock auf beten?!*, Predichtkase Nr. 24 b, a.a.O., S. 2.

[121] Ebd.

[122] Martin Dreyer, *Bibel als Waffe*, Predichtkase Nr. 6, a.a.O. S. 1.

[123] Ebd.

[124] ---. *Trink im Heiligen Geist*, a.a.O., S. 2.

[125] Ebd.

[126] Andreas Dietrich, a.a.O., S. 16.

[127] Martin Dreyer, *Der Affe Gottes - Inventur 5*, Predichtkase Nr. 18, a.a.O., S. 1.

[128] Conny Händel, „Jesus Freaks Tour Sylvester 96/97“, *Der kranke Bote, Jahrgang 2 - Ausgabe 1/1997*, a.a.O., S. 21.

Heilige Geist ..."[129] Seinen alten Dealern bekannte er: „Leute, Kokain ist voll scheiße, ich hab' Jesus kennengelernt, der ist viel geiler."[130] Über ihn sagt Martin Dreyer: „Der war ganz frisch bekehrt, hatte eine superheftige Erfahrung mit dem Heiligen Geist gemacht."[131]

Ein anderer Jesus-Freak bekennt: „Ich raste aus für Jesus. Der ist heavy. ... Mein Körper war noch nie so drauf. Ich war noch nie so breit. Jesus macht mich so breit. So breit kann mich kein Alkohol machen, kein Hasch."[132] In einem Info-Brief der Hamburger Jesus-Freaks hieß es: „Die Jesus-Geburtstags-Feier hat Ihn echt geehrt! Viele hatten den Eindruck, der HG [Heilige Geist, Anmerkung des Autors] springt vor Freude!"[133]

Für das Fernsehen berichtete Eddy, ein weiterer Freak, in seinem Wohnzimmer vor einem Gemälde mit einer Frau, die eine Glaskugel in den Händen hält, von seiner Bekehrung: „... dann hab' ich halt so'n paar komische Erfahrungen gemacht, hab' halt LSD genommen und hab' auch durch einige Vorsachen Jesus dann kennengelernt; auf dem LSD-Trip hat er sich dann mir persönlich vorgestellt, nicht so als Person, aber, das ist schwer zu erklären, ich hab' ihn halt eben erlebt."[134]

Kai S. Scheunemanns Zeitschrift „Kirche für morgen", „Baustein der gemeindekybernetischen Strategie"[135] von Christian A. Schwarz, ist überzeugt: „... was wir in unserem Land dringend brauchen, sind Tausende Christen vom Schlage Martin Dreyers."[136] Dieser wurde im Herbst 1994 von Scheunemann mit einem „Goldfisch"[137] ausgezeichnet. „Mehrfach ausgezeichnet für die be-

---

[129] Uwe Heimowski, a.a.O., S. 13.

[130] Ebd.

[131] Ebd.

[132] Michael Ackermann, a.a.O., S. 88.

[133] Ebd., S. 37.

[134] Ebd.

[135] o.O., „IMPRESSUM", *Kirche für morgen 4/94* (Emmelsbüll: Ökumensiches Gemeinde-Institut, 1994): 23.

[136] o.O., „Evangelisation, 'Jesus-Abhäng-Abende' ...", a.a.O., S. 21.

[137] Ebd.

ste evangelistische Arbeit Deutschlands."[138], so warb auch der „Arbeitskreis für Geistliche Gemeinde-Erneuerung in der Evangelischen Kirche" für Martin Dreyer, einen ihrer Sprecher auf dem Gemeindekongress 1995 in Nürnberg.

Zurück zu der Sprache der Jesus-Freaks. Noch ausufernder wird sie in ihrer Zeitung „Der späte Gote". Zu dem „Spruch des Monats: Wer Jesus nicht kennt, pisst gegen den Wind."[139] findet sich neben einer entsprechenden Zeichnung folgende „Zeichenerklärung: Der Wind kommt von links und dieser Mann pisst gegen den Wind, also nach rechts und ? was schließen wir daraus, ja [sic!] ich dachte schon das [sic!] Ihr es nicht wisst; diesen Mann müsst Ihr bekehren [sic!] weil er Jesus, den besten megageilen multimegastarken Typ [sic!] nicht kennt und gegen den Wind pisst, ..."[140]

In einem Artikel von Tobias Görtz, der mit den riesigen Lettern überschrieben ist: „Was soll der fick!"[141], heißt es: „Gott hat EUCH/DICH doch superfett und obergeil gesegnet! Er hat Dir die supergeilen Begabungen und Kreativität noch & nöcher gegeben ... Ich wette meinen Arsch darauf, daß in Dir/Euch die Power und Kreativität steckt, mit eigenen Mitteln und Stil und JESUS CHRISTUS (dem Captain des Universum) eure [sic!] Stadt und Szene zu verändern - NUR MUT!!! ... Seid hyperfett gesegnet!"[142]

„Wenn jemand meint, er diene Gott, und zügelt nicht seine Zunge,
sondern betrügt sein Herz, dessen Gottesdienst ist vergeblich." (Jak 1, 26)

---

[138] Lorenz Reithmeier, *Gemeindekongress 1995: Gemeinde der Zukunft. Zukunft der Gemeinde (Anmeldeprospekt)* (Hamburg: Arbeitskreis für Geistliche Gemeinde-Erneuerung in der Evangelischen Kirche e.V. (GGE), 1995), S. 5.

[139] Jesus Freaks Hamburg, *Der späte Gote*, a.a.O., S. 3.

[140] Ebd., S. 22.

[141] Ebd., S. 4.

[142] Ebd., S. 4-5.

Die Reutlinger Freaks sprechen vom „intergalaktischen Herrn“[143] und wollen „nicht nur umfallen, sondern auch ermutigt werden, Jesus Chari-bezogen[144] zu dienen. So macht Christsein einfach Spaß …“[145]

Die Berliner Freaks schreiben, daß sie auf die Straße gehen, „um den Leuten so zu sagen, daß Jesus halt echt voll geil und der Teufel die Scheiße pur ist!“[146]

Die Duisburger empfehlen in Bezug auf den Teufel: „Don't believe his stupid fuckin' lies!!“[147]

In einem Brief von Conny (Cornelia) Händel, der ebenfalls in „Der späte Gote“ abgedruckt ist, finden sich neben den üblichen Sätzen wie „Leben mit Jesus ist geil!!!“[148] und „Die Jesus Freaks sind eine ganz geile Familie für mich, danke Daddy.“[149] auch folgende obszönen Aussprüche: „Fuck Satan“[150], sowie „motherfuckin' devil“[151]. Andere Jesus-Freaks bezeichnen den Teufel als den „leibhaftigen Hörnerarsch“[152] bzw. als „Arschloch“[153].

Rechtfertigend fragt Conny, warum man mit dem Teufel „zimperlich … umgehen“[154] soll.

Die Bibel beantwortet diese Frage:

---

[143] Jesus Freaks Hamburg, *Die dumme Schaf. Das lustige Freakstockheft zum Film, Jahrgang 1 - Ausgabe 5/1996* (Hamburg: JFH, 1996): 10.

[144] D. h. charismatisch, da sich die meisten Jesus-Freak-Gruppen an die ersten Jesus-Freaks in Hamburg orientieren, die durch die Anskar-Kirche, ihren Ausgangspunkt, charismatisch geprägt sind.

[145] Jesus Freaks Hamburg, *Die dumme Schaf*, a.a.O., S. 11.

[146] ---. *Der späte* Gote, a.a.O., S. 25.

[147] ---. *Die dumme Schaf*, a.a.O., S. 16. Deutsche Übersetzung: „Glaube nicht seinen dummen … Lügen!“

[148] ---. *Der späte Gote*, a.a.O., S. 16.

[149] Ebd., S. 17.

[150] Ebd.

[151] Ebd.

[152] Ebd., S. 22.

[153] Ebd., S. 51.

[154] Ebd., S. 17.

„Michael aber, der Erzengel, wagte nicht, als er mit dem Teufel stritt und Wortwechsel um den Leib Moses hatte, ein lästerndes Urteil zu fällen, sondern sprach: Der Herr schelte dich!“ (Jud 9)

Auch Martin Dreyer will mit dem Teufel nicht zimperlich umgehen: „Vielleicht werden sich einige Dinge in deinem Leben erklären, wenn du das weißt, daß es diesen Wichser tatsächlich gibt.“[155] In einer Predigt berichtet Dreyer von einem Gottesdienstbesucher, der den Eindruck hatte, „daß hier in der Gebetszeit Leute sind, die unreine Geister haben und unreine Geister gegen uns beten.“ Dreyer reagiert euphorisch: „Geil! Dann müssen wir anscheinend wirklich gefährlich sein! ... Da, wo die Dunkelheit ist, da habe ich Bock, hinzugehen und dem Satan in die Fresse zu treten und sein Reich zu zerstören! Amen? ... Leute, laßt uns aufstehen, laßt uns den Typen in die Fresse treten, ...“[156]

Immer wieder fragt er sich: „Wie werden wir hier in Hamburg dem Satan in die Fresse treten können?“[157]

Nachdem Dreyer Geräusche von Dämonen imitiert, erklärt er: „Und dann hat Jesus gesagt: ‘Verpiss dich in meinem Namen!’ und dann ‘Swosch’ waren sie weg und dann war das Ding durch.“[158] Die Dämonenaustreibungen waren, predigt Dreyer, „noch bevor Jesus am Kreuz gestorben ist, das war noch bevor Jesus durch das Totenreich gegangen ist und dem Satan ‘nen Tritt in die Fresse verpaßt hat.“[159]

In der gleichen Predigt läßt sich Dreyer auch auf eine Geisterbefragung ein: „Und ich spreche diesen Dämon an, diesen Dämonen, der gekommen ist durch Satansmessen: Wie ist dein Name? Wie ist dein Name?“[160]

---

[155] Martin Dreyer, *Der Affe Gottes - Inventur 5*, Predichtkase Nr. 18, a.a.O., S. 1.

[156] Ebd.

[157] ---. *Bibel als Waffe*, Predichtkase Nr. 6, a.a.O., S. 1.

[158] ---. *Fesseln*, Predichtkase Nr. 24 a, a.a.O., S. 1.

[159] Ebd.

[160] Ebd.

Auf dem Titelblatt der Freak-Zeitschrift „Die dumme Schaf" hebt ein Freak beide Arme empor und macht mit beiden Händen den Aleister-Crowley-Gruß[161]. Untertitelt ist das Bild mit „6666 ... mega evil!"[162]

Auf der Rückseite der Freak-Zeitung „Der wache Turm" ist eine Doppelseite aus der Satirezeitung „Neue Spezial" abgedruckt. Diese ist für ihre sexistischen und blasphemischen Artikel bekannt, die allesamt erfunden sind. So auch der von den Jesus-Freaks abgedruckte Bericht: „Aufsehenerrregender Mord in Spanien ... Ich wollte meinen Mann klein kriegen ... und stopfte ihn in ein Einweckglas!"[163]

Die Hamburger Freaks nehmen jedoch in ihrer Zeitschrift „Der späte Gote" endlich einmal zu der berechtigten Kritik an ihrer vulgären Gossensprache Stellung: „Wir wurden des öfteren auf unsere Ausdrucksweise angesprochen ... so sind wir - so reden wir. Du kannst Deine Sachen schreiben wie Du bist!"[164]

Dieses Prinzip wenden sie dann auch in Bezug auf die „staatliche Macht" an, die zum Beispiel auch von der Polizei ausgeübt wird.

„Willst du dich aber vor der staatlichen Macht nicht fürchten,
so tue das Gute, und du wirst Lob von ihr haben."
(Röm 13, 3b)

Statt Furcht haben Jesus-Freaks nur Schimpfworte und Ironie für sie übrig: „... Ein paar Tage später riefen dan [sic!] die Pullen bei

---

[161] Bei diesem Gruß des Satanisten Aleister Crowley, der einen Teufelskopf mit Hörnern symbolisieren soll, zeigen von einer emporgestreckten Faust der Zeigefinger und der kleine Finger in die Höhe, während Mittelfinger und Ringfinger eingeknickt bleiben und vom Daumen festgehalten werden.

[162] Jesus Freaks Hamburg, *Die dumme Schaf*, a.a.O., S. 1. Deutsche Übersetzung: „6666 ... äußert böse!"

[163] Scotty Paul, „Neue Spezial exklusiv: Aufsehenerregender Mord in Spanien ...", *Der wache Turm*, a.a.O., S. 52.

[164] Jesus Freaks Hamburg, *Der späte Gote*, a.a.O., S. 2.

unserem Pastor an, ... Falls das ein Pulle liest, ... Wegweiser zu den Bullen!!! ... Die Polizei bringt Farbe in Dein Leben. Liebst Du Farbbeutel, Blumentöpfe oder Pflastersteine? Bei uns kriegst Du ein Leben lang die Schnauze voll."[165]

Witzig wollen die Jesus-Freaks aus München sein. In ihrem Rundbrief heißt es: „... Jesus stand zwischen den Toren und die Jünger waren im Abseits ..."[166]

Auch wenn man diese Art als ein Wortspiel abtun kann, ist doch die Ausdrucksweise, biblische Berichte über den Herrn Jesus Christus auf die Ebene eines Fußballspiels herunterzuziehen, eines Christen nicht angemessen:

„Unzucht aber und alle Unreinheit oder Habsucht sollen nicht einmal unter euch genannt werden, wie es Heiligen geziemt; auch Unanständigkeit und albernes Geschwätz und Witzelei, die sich nicht geziemen, statt dessen aber Danksagung." (Eph 5, 3-4)

Beim „Jesus Freakstock"-Festival im August 1996 in Neudrossenfeld bei Bayreuth gab es unter anderem folgende „Freakstock-Impressionen"[167] die in der Freak-Zeitung „Die dumme Schaf" abgedruckt wurden:

„Liegt der Jesus TOD im Keller [sic!] war der Satan wieder schneller [sic!] Liegt der Satan TOD daneben [sic!] war der Jesus noch am LEBEN. Und die Moral von der Geschicht ist, töte nie den Jesus nicht!"[168]

Den Jesus-Freaks ähnlich sind die in „Der späte Gote" abgedruckten „JESUS-VAMPIRES (vollständiger Name '... Kommando Eckzahn - Christen mit Biß')"[169] aus Neumünster. Sie wollen „die blutigen Heiden"[170] vor sich „hertreiben und sie mit Jesus ... infi-

---

[165] Ebd., S. 22-23.

[166] Ebd., S. 43.

[167] ---. *Die dumme Schaf*, a.a.O., S. 17.

[168] Ebd.

[169] Ebd., S. 47.

[170] Ebd.

zieren“[171] sowie „Kontakte zu anderen christlichen Finsterfritzen … knüpfen.“[172]

Unter der Überschrift „Jesus, du bist ein turbogeiler Typ“[173], berichtete auch die Jugendzeitschrift „BRAVO“ auf einer Doppelseite von den Jesus-Freaks. An einem „Abhängabend“ betete Dreyer: „Okay, Jesus, ich will hier keine frommen Sprüche wie all die anderen Superturbospießer ablassen. Ich find's einfach nur geil, daß du jetzt in diesem Moment bei uns bist und mit uns redest. Wir alle haben einen Monsterbock auf dich. … Bitte, Jesus, nimm' dich dieses Abends an, damit er für uns alle richtig geil wird.“[174]

Diese einleitende Äußerung Dreyers über andere Christen sowie der Untertitel im BRAVO-Bericht: „… die mit den spießigen Amtskirchen nichts zu tun haben wollen …“[175] stehen im direkten Gegensatz zur Präambel aus der Satzung der Jesus-Freaks vom 29.08.1992: „Wir freuen uns auch über alle anderen Gemeinden in der Welt, die Jesus im Mittelpunkt ihrer Gemeinschaft haben. Wir suchen die Einheit und Zusammenarbeit mit ihnen und wollen trotz unserer Eigenartigkeiten uns nie über andere Christen erheben, auch wenn ihr Stil oder ihre Theologie uns nicht gefällt.“[176]

Christian (geb. 1977), einer der Freaks, hatte im Alter von 15 Jahren „ein spirituelles Erlebnis mit Jesus“[177] und nennt Jesus „sowieso nur Daddy.“[178]

Von seinem „Daddy Jesus Christus“[179] spricht auch Joachim Richter, aktives Mitglied der „Partei Bibeltreuer Christen“ (PBC).

---

[171] Ebd.

[172] Ebd.

[173] Kai Bargmann, a.a.O., S. 24.

[174] Ebd.

[175] Ebd.

[176] Michael Ackermann, a.a.O., S. 109.

[177] Kai Bargmann, a.a.O., S. 25.

[178] Ebd.

[179] Joachim Richter, „Kreisverband Mark - Infoveranstaltung am 14.10.95“, *PBC NRW info Nr. 10, Januar 1996* (Kreuztal: Landesvorstand NRW der PBC, 1996): 6.

Christian lebt mit seiner Freundin Pam (geb. 1976) in „wilder Ehe“, der sogenannten „Ehe ohne Trauschein“. Pam: „Gegen Liebe und Sex hat unser Jesus nichts!“[180]

Christian: „Für mich ist Jesus einfach nur ein superturbogeiler Typ, auf den wir alle tierisch stehen, weil er so einen geilen Charakter hat.“[181] BRAVO-Reporter Kai Bargmann schreibt: „Beim ‘Jesus-Abhänge-Abend’ [sic!] steigern sich die Freaks in die totale Ekstase rein.“[182]

Der Hamburger Jesus-Freak Dirk Tolle warnt in einer Predigt vor dem falschen Fundament. Dennoch meint er: „Spirituelle Hochgefühle sind etwas supermagageiles. Dies ist keine Predigt gegen Gefühle. Ekstase ist geil! Und abermals sage ich: geil! Geil! Geil! Geil! ...“[183]

Zu der in der Jugendszene immer mehr aufkommenden Verunstaltungs- und Verstümmelungsmache äußern sich die Verantwortlichen der Jesus-Freaks kurz und knapp: „Unsere Meinung: Tattoos und Piercing sind geil ... !!! Soviel dazu!“[184] Und so sieht man Besucher und Mitarbeiter der Freaks in „schwarzen Kutten, aufgestellter Haarpracht, Tätowierungen, Ohren-, Lippen- und Was-sonst-noch-geht-Ringe.“[185] Freak-Prediger Tobias Görtz bekennt: „Ich trage gerne Ohr-, Nasen-, Lippen- und Brustwarzenringe“[186]

Der Münchener Jesus-Freak Johannes Spörl berichtet: „Auf dem Freakstock war ja ziemlich oft die Rede, sich irgendwelche Bibelsprüche tätowieren zu lassen ...“[187] Auf ihre Tätowierung hin angesprochen, antwortet die Wiener Freak-Mitarbeiterin Felsi dem FACTS-Magazin: „Es steht ‘I believe in Jesus’ drauf, damit will

---

[180] Kai Bargmann, a.a.O., S. 24.

[181] Ebd., S. 25.

[182] Ebd.

[183] Dirk Tolle, „Das Gleichnis vom vierfachen Ackerfeld“, *Der kranke Bote, Jahrgang 2 - Ausgabe 1/1997*, a.a.O., S. 8.

[184] o.O., „... emails an den kranken boten ...“, *Der wache Turm*, a.a.O., S. 15.

[185] o.O., „Evangelisation, ‘Jesus-Abhäng-Abende’ ...“, a.a.O., S. 21.

[186] Michael Ackermann, a.a.O., S. 34.

[187] Johannes Spörl, „Die Jesus Freakszähne“, *Der kranke Bote, Jahrgang 2 - Ausgabe 1/1997*, a.a.O., S. 39.

ich ihn total verherrlichen. Ich denke, Jesus findet das leiwand (wienerisch für 'super')"[188]. Felsi berichtet auch etwas über Bernie Luther, genannt „Travellin' Bernie", von dem sie sich tätowieren läßt: „Dadurch, daß er gestern etwas später gekommen ist, konnte ich in Ruhe alle Dämonen aus seinem Studio rauspfeffern; ich legte Totenköpfen, Pokalen, Fotoalben, ..., die Hände auf und stellte alles unter die Herrschaft von unserem geliebten King Jesus! Spätestens seit gestern (9. April '97) ist Bernie's Studio vom Heiligen Geist erfüllt! Dicken Schmatz an Jesus!"[189]

„Gefällt ihm dein Hut?"[190] wurde Samy, ein Jesus-Freak aus Pforzheim, gefragt. Er antwortet: „Ganz bestimmt. Denn wenn mir etwas Spass macht, dann freut sich auch Gott daran, denke ich."[191] Auf die Frage „Was ist Gott für dich?"[192] antwortet der oben erwähnte Tobias: „Er ist Es, weder Mann noch Frau. Gott balanciert die Welt auf dem kleinen Finger."[193]

Und der Stadtzürcher Jesus-Freak Marco stellt sich Jesus Christus „... vor wie einen Megarave[194], wo für jeden und jede das Beste vom Besten läuft."[195]

Das FACTS-Magazin verlautet: „Gott ist der supermächtige Daddy oben im Himmel, Jesus der megacoole Kumpel von nebenan."[196] Weiter heißt es über die Freaks: „Geil finden sie Jesus Christus, diesen total abgefahrenen Typ aus Nazareth. Breit, nämlich glücklicher als Ecstasy, higher als ein Joint, flacher als eine Kiste Bier mache die Power des Heiligen Geistes."[197]

---

[188] Andreas Dietrich, a.a.O., S. 16.

[189] Felsi, „Heavy Felsi Happenings", *Der wache Turm*, a.a.O., S. 47.

[190] Andreas Dietrich, a.a.O., S. 17.

[191] Ebd.

[192] Ebd., S. 16.

[193] Ebd.

[194] „Megarave" könnte ungefähr mit „mächtig Tobender" übersetzt werden.

[195] Andreas Dietrich, a.a.O., S. 18.

[196] Ebd., S. 14.

[197] Ebd., S. 15.

Das FOCUS-Magazin berichtet: „Jesus Freaks locken Jugendliche mit Techno zum Gottesdienst."[198] Dazu äußert Freak-Prediger Florian Hoenisch (geb. 1965): „Techno als Gebetsmusik sprengt die frommen Ketten."[199]

Schließlich sei Jesus Christus der „Präsident der Präsidenten, der Rockstar der Rockstars, das Genie der Genies, ..."[200]

Im September 1995 trat der ausgebildete Suchttherapeut Dreyer aufgrund von Drogenmißbrauch vorübergehend von seinem Pastorenamt zurück und nahm nunmehr selbst an der Jesus-Freaks-internen „Sucht-Gruft-Gruppe"[201] teil.[202]

Beim Christival '96 war er jedoch wieder dabei und leitete den „Jesus-Abhäng-Gottesdienst"[203] in der Dresdner Trinitatisruine am 17. Mai 1996 mit den Worten ein: „Ihr habt bemerkt, daß Gott ein Jesus-Freak ist!"[204] Am Glockenturm der Ruine hing ein großes Banner mit dem aufgesprühten Schriftzug „Gott ist geil!"[205] Die Freaks waren über das gute Wetter froh und dachten, wenn es geregnet hätte: „Gott ist kacke!"[206] Da aber die Sonne schien, hieß es: „Gott ist doch ganz geil!"[207] Im Vorfeld bekamen die Ordner den Ansturm von über 1000 Christivallern nicht in den Griff, so daß vier Ohnmächtige, darunter ein Mädchen mit einem Herzanfall, ins Krankenhaus eingeliefert werden mußten. Nach Dreyers Predigt „Jesus will uns provozieren"[208] erteilte der Jesus-Freaks-Mitarbeiter

---

198 Guido Walter, „Jesus Freaks. Gottes geile Truppe", *FOCUS 4/1996* (München: Dr. Hubert Burda, 1996): 142.

199 Ebd.

200 Jesus Freaks International, *Jesus Freaks Information*, a.a.O., S. 10. Siehe auch: Michael Ackermann, a.a.O., S. 101.

201 Kai Bargmann, a.a.O., S. 25.

202 o.O., „Freaks: 'Mist gebaut'", *idea-Spektrum Nr. 41/95* (Wetzlar: Informationsdienst der Evangelischen Allianz, 1995): 35.

203 Nach der Mitschrift des Autors auf dem Christival '96 in Dresden.

204 Ebd.

205 Knut Nippe Jr, „Randale für Jesus", *Christival-Express. Die zweite Ausgabe einer einmaligen Zeitung, 17. Mai 1996* (Dresden: Christival-Express, 1996): 6.

206 Nach der Mitschrift des Autors auf dem Christival '96 in Dresden.

207 Ebd.

208 Vom Autor auf dem Christival '96 in Dresden audiovisuell festgehalten.

Taade V. den Schlußsegen: „Der Herr Jesus Christus segne euch und behüte euch und gebe euch Fun und 'ne geile Zeit!"[209] Am Vortag predigte Freak-Mitarbeiter Tobias Görtz: „Jesus ist der geile Gangleader. ... Jesus hat kein Bock darauf, euch zu verarschen."[210] Anschließend betonte er, daß Jesus „monstermäßige Action"[211] für die ganze Welt vorgesehen habe. Diese respektlosen Aussprüche mögen schön und treffend für bestimmte Jugendliche sein, werden im Neuen Testament aber verurteilt:

„... und durch süße Worte und schöne Reden verführen sie die Herzen der Arglosen." (Röm 16, 18)

Spektakulär fing Görtz eine Predigt unter den Jesus-Freaks in Hamburg an: „Ich werde heute über ein Thema predigen: Mein Thema heute ist über Spanner, One-Night-Stand, Sado-Masochismus, Gruppensex und Partnerwahl, Klosex, Verhüten. Also mein Thema heute ist Sex mit Gott!"[212] Mitten in der Predigt errreicht er bei seinen Zuhöhrern ein Schmunzeln: „Also, ihr seht ja, ich hab' hier so'n Gummi d'rauf und Gummis sind zwar wichtig und sind sehr geil, ja? Aber, ich glaube, beim Sex mit Gott, da stört das Teil. Beim Sex mit Gott ist ein Gummi scheiße! ... Und Gott ist nicht Mann, er ist auch nicht Frau. Ich glaube: Es ist der lebendige Gott! Hört ihr? Es ist nicht Mann, es ist nicht Frau, sondern Gott ist Es, der lebendige Gott, ... Laß dich auf 'ne Liebesbeziehung mit Gott ein, 'ne Romanze mit Gott, 'n wunderwunderschönes Ding. ... Und wenn du ihm schon immer mal sagen möchtest, daß du mit ihm knutschen möchtest und daß du möchtest, daß er dich in die Arme nimmt und mit ihm kuschelt [sic!], dann sag' ihm das und warte auf ihn, warte, daß er es tut und er wird es tun. Ich versprech's dir! ... Du mußt keine fromme Formel sprechen, sondern du kannst so zu Gott reden, wie du willst: Mit 'Fuck' und 'Scheiße' und mit 'Geil' und allen möglichen Wörtern. Es gibt keine Tabus für Gott!"[213]

---

[209] Nach der Mitschrift des Autors auf dem Christival '96 in Dresden.

[210] Knut Nippe Jr, a.a.O., S. 6.

[211] Ebd.

[212] Tobi Görtz, *Sex mit Gott?*, Predichtkase Nr. 56, a.a.O., S. 2.

[213] Ebd.

Martin Dreyer bekennt in einer Predigt: „Sex ist 'ne absolut fantastisch geile Sache. ... Seid doch ehrlich, das ist doch 'ne geile Sache, was da abgeht, oder?"[214]

Mit erotisch gefärbter Stimme betet Tanja W. nach ihrer Predigt, die den Titel „Scheisse!" trägt: „Jesus, mmmh, ich habe irgendwie gehört, daß du mich angenommen hast und daß du mich annimmst. ... Und Herr, es tut mir leid, wo ich dich abgelehnt hab', wo du ja Kontakt zu mir haben wolltest, wo ich nicht mit dir gegangen bin, wo ich nicht die Sachen gemacht hab', wo du d'rauf Bock hattest, ... Und ich bitte dich, daß du in mein Leben kommst und daß du mir zeigst, ja, daß du Bock auf mich hast und daß du mir zeigst, ja, daß ich 'ne geile Beziehung mit dir haben kaaann. Ich möchte mit dir gehen, Jesuuus!"[215]

Bei dem Christival-Seminar „Neue Perspektiven und Ideen in der Jugendarbeit"[216] stellte auch Mirko Sander (geb. 1973), „Ältester bei den Jesus Freaks Hamburg"[217], seine Arbeit vor. Im Anschluß an das Seminar wurde er vom Autor auf den Gegensatz der Anpassung an die vulgäre und obszöne Gossensprache und der Ehrfurcht und dem Respekt vor Gott, wie es uns die Bibel offenbart, angesprochen. Sander erklärte, daß bei den Jesus-Freaks jeder „sein eigenes Erlebnis mit Gott"[218] hat und es daher keine „allgemeine Offenbarung"[219] gebe.

Auf dem Christival '96 boten die Freaks „Jesus Terror Force"-Pullover, T-Shirts, Audio-Kassetten, Compact-Discs und obszöne Aufkleber[220] sowie ein Plakat an mit dem Text „Es gibt nur

---

[214] Martin Dreyer, *Der Affe Gottes*, a.a.O., S. 1.

[215] Tanja W., *Scheisse! - Römer 15, 7, 11.05.95*, Predichtkase Nr. 53, a.a.O., S. 2.

[216] Christival, *Come follow Jesus* (Dresden: Christival '96, 1996): 42.

[217] Arbeitsblatt: Christival Forum Nr. 3401 „Neue Perspektiven und Ideen in der Jugendarbeit"

[218] Nach der Mitschrift des Autors auf dem Christival '96 in Dresden.

[219] Ebd.

[220] Jesus Freaks Hamburg, *Jesus Freaks „The Shop", Mai 1997* (Hamburg: JFH, 1997), S. 4:

einen, der sich festnageln läßt ... auf sein Wort!"[221] Nachdem die Freaks durch den Verkauf dieser Artikel einen ernormen Umsatz erzielten, konnten sie in einem Rundbrief von einem „finanziellen Aufschwung"[222] berichten. Am 17.10.1996 jedoch schrieb Martin Dreyer, daß die Jesus-Freaks „von einer Schockwelle getroffen worden"[223] sind. Diese manifestiert sich in der Nachzahlung von Umsatzsteuer in Höhe von DM 9.000,-, Lohnsteuer von DM 13.000,-, verschiedene offenstehende Rechnungen von DM 7.000,-, GEMA-Gebühren von DM 7.000,-, Prozeßkosten gegen einen Immobilienbesitzer von DM 20.000,- sowie einer Kaution von DM 25.000,-.[224]

Dreyers Anliegen war nun, „daß Gott einen Betrag von 100.000 DM freisetzt."[225] Die Zeitschrift „idea-Spektrum" berichtete von Dreyers Schreiben als einem „'Bettelbrief' an etwa 450 evangelikale Gemeinden"[226].

Was enthalten die Predigten der Jesus-Freaks, neben den Obszönitäten und den unqualifizierten und vulgären Sprüchen, nun inhaltlich? Als Beispiel sollen hier zwei Predigtauszüge dienen. Zunächst Marco Wedemann, dessen Text im Internet zu finden ist:

„Du kannst dir dein Leben nach deinen Wünschen und Vorstellungen gestalten, [sic!] und mußt nicht darauf warten, genau das zu erkennen [sic!] was Gott von dir will. ... Er hat uns unseren

---

Auf einem neonroten Aufkleber ist ein Gesäß abgedruckt, wobei ein Pfeil in die Öffnung zeigt. Der Text: „Alles geht in Arsch. Jesus bleibt."

[221] Nach der Mitschrift des Autors auf dem Christival '96 in Dresden.

[222] Jesus Freaks Hamburg, *Liebe Freunde, Beter, Unterstützer der Jesus-Freaks* (Hamburg: JFH, 17.10.1996), S. 1.

[223] Ebd.

[224] Ebd.

[225] Ebd.

[226] o.O., „Die Hamburger 'Jesus Freaks' stehen vor der Pleite. Das 'ausgeflippte' Wunder", *idea-Spektrum Nr. 44/96* (Wetzlar: Informationsdienst der Evangelischen Allianz, 1996): 14.

freien Willen nicht nur geschenkt, damit wir uns für ihn entscheiden, sondern auch um selbst lebensfähig zu werden."[227]

Als zweites Beispiel das Gottesbild des Hamburger Freak-Mitarbeiters Taade V.:

„Gott sehnt sich nach deiner Liebe, er sehnt sich nach unserer Liebe, er sehnt sich [sic!], daß wir zu ihm kommen. Und wir haben die Entscheidung. Und das ist vielleicht der entscheidende Punkt. Gott sehnt sich nach jemanden, der sich für ihn entscheidet aus freien Stücken. Und ich glaube, Gott ist da echt ein großes Risiko eingegangen, als er die Menschen geschaffen hat. ... Und wenn du Gott noch nicht kennst, dann solltest du das unbedingt schleunigst tun, daß du das Kreuz, was Jesus auf sich genommen hat, daß er für unsere Schuld, für unsere Erlösung, weil er geschnallt hat, daß wir nicht mit Gut und Böse [sic!], weil wir mit diesen Sachen nicht umgehen können, weil wir uns nur selber fertigmachen, daß wir lernen, damit umzugehen, daß wir lernen, daß zu nehmen, dieses Kreuz zu nehmen. Wenn du Jesus noch nicht kennst, dann solltest du das machen, weil er wartet auf dich und er hat Bock auf dich, ... echt erlöst zu sein, yeah, irgendwie, ja, ich meine, das ist echt, glaube ich, das Allergeilste!"[228] Die Konsequenz von alledem ist, daß nach den Jesus-Freaks zu urteilen, Gott „ein zerbrochenes Herz"[229] habe.

In diesen beiden Predigtauszügen ist unzweideutig ein arminianisches[230] Gottesbild zu erkennen.

---

[227] Marco Wedemann, „Jesus beruft dich. Lehreinheit No. 12: Berufung. Voraussetzungen: B. Jesus will eine Beziehung, 3. Auswahlmöglichkeiten", *www.JesusFreaks.com* (Hamburg: Marco Wedemann, 1994), S. 2.

[228] Taade V., *Unerlöst*, Predichtkase Nr. 56, a.a.O., S. 1.

[229] Michael Ackermann, a.a.O., S. 105.

[230] Der Arminianismus geht auf Jacobus Arminius zurück. Dieser verwarf die Prädestinationslehre, wie sie zum Beispiel Johannes Calvin definiert: „Unter Vorherbestimmung verstehen wir Gottes ewige Anordnung, vermöge deren er bei sich beschloß, was nach seinem Willen aus jedem einzelnen Menschen werden sollte! Denn die Menschen werden nicht alle mit der gleichen Bestimmung erschaffen, sondern den einen wird das ewige Leben, den anderen die ewige Verdammnis vorher zugeordnet. Wie also nun der ein-

Ganz anders denkt das reformatorisch ausgerichtete Missionswerk „Euroteam“ in Schwarzenborn, das einen Großteil dieses Kapitels in seiner Zeitschrift „Anstöße“ abdrucken ließ. Der Leiter des dortigen Bibel-Kollegs „Euro-Seminar“, Pfarrer Gerhard Meyer, fügte das folgende Nachwort an:

„Welche Schlußfolgerungen sollen wir hier ziehen? Zunächst sind wir betroffen über diese Sprache, die eine neuheidnische Kultur verrät und einen unbiblischen Geist beinhaltet. Die geistlichen Leiter der Kirche Christi müssen wie ihre frühen Väter heidnischen Philosophien und deren Praktiken intellektuell und dogmatisch mit der Schrift entgegentreten. Dies muß innerhalb der Gemeinde und ihrer öffentlichen Missionsarbeit geschehen. Weiter sollen sie nur solchen die Hände auflegen und Verantwortung übertragen, die selber als bewährt erfunden wurden und auch fundierte biblische Theologie und Praxis vermitteln können. Es geht schließlich um das heilige Gottes- und Christusbild, das verdorbene Menschenbild und um alle die Folgerungen: Die Frage nach biblischer Evangelisation, christlicher Ethik und der Theologie des Gottesdienstes inclusiv einer würdigen Anbetung Gottes. So ist christliche Kirche heute mehr denn je wieder herausgefordert, Lehre und Praxis des Glaubens deutlich anhand der Schrift und der altkirchlichen Bekenntnisse zu definieren und diesen Glauben zu den Kirchenfernen zu bringen, damit sich jene recht ‘zu Gott von den Abgöttern bekehren’. Geschieht dies aber nicht, wird Gottesbild, Denken, Sprache, Charakter, Lebensstil und Gottesdienst der Kirche Christi durch neuheidnische ‘Idole’ und deren Praktiken bestimmt. Damit würde Christus tatsächlich abgehängt.“[231]

---

zelne zu dem einen oder anderen Zweck geschaffen ist, so - sagen wir - ist er zum Leben oder zum Tode ‘vorbestimmt’.“ (Johannes Calvin, *Unterricht in der christlichen Religion = Institutio Christianae religionis. Nach der letzten Ausgabe übersetzt und bearbeitet von Otto Weber*, 5. Auflage der einbändigen Ausgabe (Neuchkirchen-Vluyn: Neukirchener, 1988), III, 21, 5, S. 619.

[231] Gerhard Meyer, „Nachwort“, *Anstöße Nr. 15: Jesus Freaks. Christus-Anhänger oder -Abhänger?* (Schwarzenborn: Euroteam, 1997): 4.

Jesus-Freak Kristian Hamm-Fehl schrieb seine Reaktion zu der Zeitschrift „Anstöße“:

„Jesus Freaks heißt nichts anderes, als von einem lebendigen, tollen, wunderbaren, affenstarken, saugeilen Gott angetan zu sein - das sind Sie, lieber Bruder Brenscheidt, hoffentlich auch! Zu Jesus, bei Jesus und mit Jesus darf jeder so sein, wie er ist! Wann hören wir Christen endlich auf, anderen Geschwistern unsere Form überzuziehen, zu sagen, ein Christ muß so und so sein und darf z.B. nicht sagen ‘geil’! Doch, darf ein Christ! GEIL, GEIL, GEIL, GEIL, Jesus ist SUPERTOLLGEIL! ...“[232]

Auch für I. Hahn vom Kreisverband Mark der PBC wirkte der Beitrag in „Anstöße Nr. 15“ „sehr provokativ“[233]. Auch er meint: „Wenn auch die Sprache der Jesus Freaks nicht jedermanns Sache ist, kann doch jeder Christ mit Gott reden, wie es ihm gerade beliebt. ... Wenn wir eine persönliche Beziehung zu Jesus Christus haben, spielt die Sprache keine Rolle.“ Schließlich unterstellt I. Hahn Thorsten Brenscheidt und Gerhard Meyer falsche Motive: „Der Feind hat leichtes Spiel, wenn wir uns gegenseitig vernichten.“[234]

Andreas Werdermann von den Jesus-Freaks Falkensee schrieb dem Autor unter anderem: „... ein christlicher Geschäftsmann wollte uns nicht beliefern, weil er nach der Lektüre Deines Buches zu dem Schluß kam, daß er nicht denselben Gott anbetet wie wir.“[235] Zuletzt vermutet er noch beim Autor satanische Beeinflussung: „Ehrlich gesagt, kommt es mir so vor, als würde aus Deinem Buch eher der Geist des Anklägers sprechen als der Geist Gottes.“[236]

Wie die Freaks sonst mit Kritik und Korrektur umgehen, ist im Internet erkennbar. Martin Dreyer berichtet dort, die Jesus-

---

[232] Kristian Hamm-Fehl, *Fax an das Euroteam, Betr. Anstöße: Jesus Freaks* (Halver: Hamm-Fehl, 01.07.1997), S. 1.

[233] Partei Bibeltreuer Christen, Kreisverband Mark: I. Hahn, *Brief an Gerhard Meyer* (Plettenberg: PBC, KV Mark, 30.06.1997), S. 1.

[234] Ebd.

[235] Andreas Werdermann (Jesus-Freaks Falkensee), *Brief an Throrsten Brenscheidt* (Falkensee: Werdermann, 09.07.1997), S. 1.

[236] Ebd.

Freaks in Hamburg haben einen „extra Ordner angelegt [sic!] auf dem steht 'verrückte Post!'"[237] Unter der Bezeichnung „Best of:"[238] zitiert er einen Brief von H. aus V., der an den Freaks kritisiert, daß sie die „vulgäre Sprache der Jugend"[239] gebrauchen. Dreyer kommentiert dies mit den Worten: „Ich habe euch das vorgelesen, um euch auch ein bißchen zu belustigen und das macht einen ja auch immer an, …"[240].

„Zu den Ohren eines Toren rede nicht, denn er wird deine klugen Worte verachten!" (Spr 23, 9)

Um dieses lange Kapitel „Jesus-Freaks" abzuschließen, soll an dieser Stelle der Apostel Paulus zu Wort kommen, der die Gläubigen in Ephesus ermahnt, nicht mehr dem heidnischen Wandel zu folgen:

> **„Dies nun sage und bezeuge ich im Herrn, daß ihr nicht mehr wandeln sollt, wie auch die Nationen wandeln, in Nichtigkeit ihres Sinnes; sie sind verfinstert am Verstand, fremd dem Leben Gottes wegen der Unwissenheit, die in ihnen ist, wegen der Verstockung ihres Herzens; sie, die abgestumpft sind, haben sich selbst der Ausschweifung hingegeben, zum Ausüben jeder Unreinheit mit Gier."** (Eph 4, 17-19)

Ausschweifung und Unreinheit kann auch in der Ausdrucksweise des Gläubigen beinhaltet sein. Denn:

„Wes das Herz voll ist, des geht der Mund über." (Mt 12, 34b; Luther '84)

> **„Nicht was in den Mund hineingeht, verunreinigt den Menschen, sondern was aus dem Mund herausgeht, das verunreinigt den Menschen. … Was aber aus dem Mund**

---

[237] Martin Dreyer, „Den Lauf (Wettlauf) vollenden", *www.JesusFreaks.com* (Hamburg: JFH, 1997), S. 2.

[238] Ebd.

[239] Ebd.

[240] Ebd.

herausgeht, kommt aus dem Herzen hervor, und das verunreinigt den Menschen.“ (Mt 15, 11+18)

Paulus warnt schließlich:

„Ihr aber habt den Christus nicht so kennengelernt.“
(Eph 4, 20)

Abfällige Bemerkungen und Gottesbeschreibungen

ALS Referent im „Training in Vollmächtiger Evangelisation" outete Walter Heidenreich am 21. Juli 1992 seine „Feelings"[241] beim morgendlichen Aufwachen: „Ich habe keinen Bock, die Bibel zu lesen. Ich habe keinen Bock, zu beten. Ich habe keinen Bock, Gott zu loben und zu preisen. Ich habe noch weniger Bock, in Sprachen zu beten, noch weniger Bock, ihn in Sprachen anzubeten. Ich habe keinen Bock auf all das Zeug!"[242]

Pietisten, denen die morgendliche Stille mit dem Herrn noch heilig ist und nicht unter „all das Zeug" zu rechnen ist, stehen in Heidenreichs Augen „mit dem Heiligen Geist auf Kriegsfuß."[243]

Derselbe Mann bezeichnete in einem „Jesus live"- Gottesdienst am 22. Januar 1994 in Solingen für die, die „Probleme mit Gefühlen"[244] haben, Gott, den Herrn, als „das Gefühlsbündel schlechthin."[245]

Gott sei außerdem eine Kraft - wie elektrischer Strom.
Heidenreich schreibt: „Gott ist die größte Kraft im ganzen Universum - kein Wunder, daß die Menschen anfangen zu zittern oder

---

[241] Freie Christliche Jugendgemeinschaft, *Training in Vollmächtiger Evangelisation: Walter Heidenreich: 2 - Der Heilige Geist - Wie kann ich beten, TVE 92/41* (Lüdenscheid: FCJG, 21.07.1992), Audiokassette, S. 1.

[242] Ebd.

[243] CHRISTEN IN AKTION pro Solingen, *Jesus special: Walter Heidenreich* (Solingen: CIA, 22.01.1994), Audiokassette, S. 1.

[244] Ebd.

[245] Ebd.

platt auf den Boden fallen, wenn diese Kraft auf sie kommt. Wenn Du Deine Finger in 'ne Steckdose steckst, merkst Du das ja auch!"[246]

„Es war, als ob ich mit den Händen in eine Steckdose gefaßt hätte."[247] So berichtet es Reinhard Bonnke, als ihn im Alter von 15 Jahren „in einer Gebetsstunde in einem kleinen Kreis plötzlich der Kraftstrom Gottes durchströmte."[248]

Gleiches erlebte Rodney Howard-Browne: „Die Erfahrung war so überwältigend, als hätte ich eine Glühbirne ausgeschraubt und meinen Finger in die Fassung gesteckt."[249]

Benny Hinn hatte bereits als kleiner Junge verschiedene Visionen und unglaubliche Empfindungen, die wie ein elektrischer Strom wirkten.[250] Bei seiner „Bekehrung" spricht er nicht von Sündenerkenntnis, Reue und Umkehr, sondern es überkam ihn „... ein Gefühl ... diese Benommenheit ... ich konnte die Energie genau so stark spüren, sie durchströmte meinen Körper ... ich fühlte ..."[251] An anderer Stelle berichtet er: „Ich fühlte ... ein seltsamens Empfinden ... ich will dieses ... mein Körper begann erneut wie durch einen Stromschlag zu vibrieren. ... Es war wieder da ... ich zitterte von Kopf bis Fuß ... ich zitterte, aber gleichzeitig fühlte ich die warme Decke der Kraft Gottes ..."[252]

Diese Beschreibungen des Heiligen Geistes zeigen starke Parallelen zu der unbiblischen Lehre der „Zeugen Jehovas" auf:

---

[246] o.O., „Überraschung. Der Geist bricht los", *CHAMP Nr. 1/95*, a.a.O., S. 40.

[247] Reinhard Bonnke/Ingetrud Birkenstock, *Weiß zur Ernte. Afrika - Gottes Erntefeld*, 1. Auflage, 1983 (Aßlar: Schulte+Gerth, 1982), S. 122.

[248] Ebd.

[249] Rodney M. Howard-Browne, *Das Wirken des Heiligen Geistes*, 1. Auflage, 1995 (Frankfurt: Mega Medien, 1995), S. 17.

[250] Benny Hinn, *Guten Morgen, Heiliger Geist!* (Wiesbaden: Projektion J, 1993), S. 29.

[251] Ebd., S. 42-43.

[252] Ebd., S. 18.

„Die Art und Weise, wie in der Bibel der Ausdruck 'heiliger Geist' gebraucht wird, läßt erkennen, daß er eine kontrollierte Kraft ist, die Jehova Gott dazu dient, seine mannigfaltigen Vorsätze zu verwirklichen. Er kann in einer gewissen Weise mit dem elektrischen Strom verglichen werden, einer Kraft, die sich für die verschiedensten Zwecke einsetzen läßt."[253]

Zurück zu Rodney Howard-Browne:

Dieser sieht in Jesus Christus nur einen irdischen Propheten, der seine Göttlichkeit im Himmel zurückließ: „Nichts, was Jesus tat, war, weil er Sohn Gottes war."[254]

Bei der ersten Begegnung mit charismatischen Phänomenen warf er Gott 1989 sogar vor: „Herr, du ruinierst meine Versammlung."[255] Daraufhin Gott: „So, wie Deine Versammlungen zuletzt waren, verdienen sie es, ruiniert zu werden!"[256]

Zehn Jahre zuvor, im Alter von 19 Jahren, betete Howard-Browne: „Gott, heute ist mein Abend. Herr, entweder kommst Du jetzt herunter und rührst mich an, oder ich sterbe und komme zu Dir hinauf und berühre Dich."[257] Diese respekt- und ehrfurchtslose Äußerung findet sich gleich in drei der sieben Howard-Browne-Bücher, die 1995 in Deutschland veröffentlicht wurden.[258]

---

[253] o.O., *Sollte man an die Dreieinigkeit glauben? Ist Jesus Christus Gott, der Allmächtige?* (Selters/Taunus: Wachstum Bibel- und Traktat-Gesellschaft, 1989), S. 20.

[254] G. Richard Fisher, „A Look at Spiritual Pandemonium. The Strange Views of Rodney M. Howard-Browne", *The Quarterly Journal Vol. 14, No. 4, October-December 1994* (o.O.: Keith A. Morse, 1994): 16.

[255] o.O., „Behind the laughter", *The Sword and the Trowel Nr. 3* (London: o.V., 1994), S. 3.

[256] Ebd.

[257] Rodney M. Howard-Browne, a.a.O., S. 15.

[258] Die beiden weiteren Bücher sind:
Rodney M. Howard-Browne, *Salbung - Berührt von Gott*, a.a.O., S. 81.
---. *Gottes Geist täglich neu erleben*, a.a.O., S. 25-26.

Auf diesen Kuhhandel soll sich Gott dann genauso eingelassen haben, wie auf die Drohung der katholisch-charismatischen Predigerin Kim Kollins: „Wenn du mir nun nicht die Taufe mit dem Heiligen Geist gibst, werde ich mit deiner Mutter, mit Maria, sprechen.“[259]

Heidenreichs Mitarbeiter Bernd Mette und Petra Kolter erklären: „Jetzt stell [sic!] Dir vor: Du kommst gerade von Deinem Teenagercamp ‘angeflogen’ - Du hast zwei Wochen jeden Tag in einer ganzen Wanne voll Heiligen Geist [sic!] gesessen, hast gelacht, bist umgefallen, hast Dich so richtig vom heiligen [sic!] Geist abfüllen lassen ...“[260]

Ähnlich äußerte sich auch Heidenreich im Lüdenscheider Wiedenhof: „Wir werden baden in der Gegenwart des Heiligen Geistes, ein Vollbad nehmen nach dem anderen. ... Gott ist der Chef aller Abenteurer. ... Und dann spring auf die Welle auf; eine Welle nach der anderen ist hier, die ausgelöst wird im Himmel, eine Welle nach der anderen, und spring auf und dann wirst du ein geistlicher Surfer sein, ein geistlicher Surfer. ... So, am besten gibst du deinen Beobachterposten auf - Amen? - und wirst ein geistlicher Surfer hier heute abend. Halleluja! Halleluja! ... Genieße einfach die Gegenwart Gottes! Er genießt dich. Ob du das glauben kannst oder nicht, er genießt dich. ... Du brauchst dein Image nicht mehr zu kaschieren; laß dich vom Heiligen Geist einschmieren!“[261]

Den Dienst des US-amerikanischen Heilungsevangelisten Charles Hunter soll Gott sogar mit einer Bombe beschert haben. Seine Frau Frances berichtet über ihn in dem Buch „Wie man Kranke heilt“: „Als er die Stirnseite des Auditoriums halb entlanggegangen war, hob er seine Hände, um einige zu berühren, und sofort fielen etwa dreißig bis vierzig Menschen gleichzeitig unter der

---

[259] Christliche Warte, *Wilfried Vogt: Charismatischer Geist* (Kirchlengern: Freie Bibelgemeinde, o.J.), Audiokassette, S. 1.

[260] o.O., „Überraschung. Der Geist bricht los“, a.a.O., S. 40.

[261] Freie Christliche Jugendgemeinschaft, *Walter Heidenreich: „Der himmlische Schließdienst“ („Mit voller Kraft voraus!“)* (Lüdenscheid: FCJG, 16.12.1995), Audiokassette, S. 1.

Kraft. ... Es war eine Heilig-Geist-Bombe! Charles bahnte sich den Weg durch die Menge, und die Menschen fielen überall um."[262]

„Sehr heftige 'Heilig-Geist-Bomben-Briefe'"[263] will Felsi, von den Jesus-Freaks aus Wien, an Stilo, einem ungläubigen Bekannten, geschrieben haben.

Benny Hinn, der als „geistlicher Vater"[264] des „Toronto-Segens" angesehen wird, äußerte im US-Fernsehen den Wunsch, daß er mit einem „Heilig-Geist-Maschinengewehr die Köpfe seiner stinkenden Kritiker wegblasen könnte."[265] An anderer Stelle äußert er: „Ich denke, sie sind verdammt und auf dem Weg zur Hölle. Ich glaube nicht, daß es für sie eine Erlösung gibt."[266] Bei einer Versammlung in Anaheim/USA hieß es: „... Der Tag kommt, wenn diejenigen, die uns attakieren, tot umfallen werden. ... Tastet nicht Gottes Gesalbte an; es ist tödlich. ... Wehe euch, die Gottes Gesalbte antasten. Ihr werdet dafür bezahlen. ..."[267]

Schließlich erweitert er noch seine Drohungen: „... ihr werdet es ernten an euren Kindern, wenn ihr nicht aufhört. ... Und eure

---

[262] Charles und Frances Hunter, *Wie man Kranke heilt* (Kingwood: Hunter Books, 1987), S. 205.

[263] Jesus Freaks Hamburg, *Der späte Gote*, a.a.O., S. 19.

[264] Werner Bartl, *Hinter den Kulissen - Teil 1*, a.a.O., S. 23.

[265] Benny Hinn, „Praise-a-Thon" (o.O.: Trinity Broadcasting Network, 08.11.1990).

Siehe auch: Randy Frame, „Benny Hinn. Best-selling Author Admits Mistakes, Vows Changes", *Christianity Today (28. October 1991)* (Wheaton/Illinois: Christianity Today, 1991): 44.

Jens Nordlohne, „WUNDERHEILER. Die Saat des Predigers. Der amerikanische TV-Evangelist Benny Hinn sucht Europa heim - mit 'Wunder-Kreuzzügen'", *FOCUS 32/1993* (München: Dr. Hubert Burda, 1993): 93.

[266] Jürgen Neidhart, *Dritte Welle, Toronto-Segen* (Matten: Tonstudio Elpiso, U. Bösinger, 04.03.1995), Audiokassette, S. 2.

[267] Benny Hinn, *Miracle Invasion Rally* (Anaheim/California: Convention Center, 22.11.1991).

Kinder werden leiden ... ihr werdet bezahlen und eure Kinder werden es. ...“[268]

Im US-Fernsehen sagte er einige Wochen später: „Ihr habt mich attakiert, eure Kinder werden dafür bezahlen.“[269]

John Arnott, Hauptpastor der Airport-Gemeinde in Toronto/Kanada, erklärte 1994 in der Ichthys-Gemeinde in London in seiner Predigt: „Jesus feierte gerne Partys in Häusern, wo der Wein in Strömen floß.“[270]

„Der Sohn des Menschen ist gekommen, der ißt und trinkt, und sie sagen:
Siehe, ein Fresser und Weinsäufer, ein Freund der Zöllner und Sünder;
- und die Weisheit ist gerechtfertigt worden aus ihren Werken.“ (Mt 11, 19)

Im Bezug auf den „Toronto-Segen“ äußerte Marc Dupont, Co-Pastor der Gemeinde aus Toronto, die zu der Zeit noch zur Vineyard-Bewegung gehörte: „Jene, ... die sich dem Geist widersetzen, werden zu Staub zermahlen.“[271]

Rodney Howard-Browne fallen noch weitere Beschreibungen ein: „Wenn Du mit einem Tanklastwagen des Heiligen Geistes zusammenprallst, wirst Du nie wieder derselbe sein.“[272]

Bei seinem Deutschland-Besuch 1995 prophezeite er, daß eine „Atomexplosion des Heiligen Geistes“[273] bevorstehe.

Deren Landsmann Harold Hill bezeichnet den Heiligen Geist in seinem Buch „Leben wie ein Königskind“ sogar als „den Spürhund des Himmels.“[274]

---

[268] Benny Hinn, *Presentation at World Charismatic Conference* (Anaheim/California: CRI, Melodyland Christian Center, 07.08.1992), Audiokassette, S. 1.

[269] Hank Hanegraaff, *Christianity in Crisis*: Benny Hinn bei TBN, 23.10.1992 (Eugene/Oregon: Harvest House, 1993), S. 345.

[270] Werner Bartl, *Hinter den Kulissen - Teil 1*, a.a.O., S. 44.

[271] Guy Chevreau, a.a.O., S. 35.

[272] Rodney M. Howard-Browne, *Das Wirken des Heiligen Geistes*, a.a.O., S. 19.

[273] Wolfgang Bühne, a.a.O., S. 13.

Gefühlsbündel, Wanne, Bombe, Maschinengewehr, Tanklastwagen, Spürhund; es gibt noch unzählig viele weitere Gottesbeschreibungen, die zwar nirgendwo in der Bibel zu finden sind, wohl aber bei charismatischen Erweckungspredigern, die von ihrer Geistesfülle überzeugt sind.

Neben Heidenreich äußerte sich auch Martin Rohsmann, Leiter der FCJG-Mitarbeiterschule, im Lüdenscheider „Wiedenhof": „Gott soll vor Freude von seinem Thron springen!"[275]
Dann forderte er die Zuhörer auf: „Wir wollen Gott segnen!"[276]

„Ohne jeden Widerspruch aber wird das Geringere von dem Besseren gesegnet." (Hebr 7, 7)

Geht es nach dem inzwischen in die Anskar-Kirche in Hagen aufgegangenen „Mitarbeiterring Evangelische Jugend" (MAR), bedarf Gott nicht nur unseres Segens, sondern sogar unserer Vergebung. So lehrte eine MAR-Referentin auf einer Tagung in Hohensolms folgende Art zu beten: „Gott, ich vergebe dir, daß du das ... in meinem Leben zugelassen hast."[277]

Übernommen wurde diese Lehre offensichtlich von Hans Böhringer. Dieser schreibt in dem von Heribert Mühlen herausgegebenen Buch „Geistesgaben heute": „Jeder muß es lernen, *Gott zu verzeihen*, daß er vieles im eigenen Leben zugelassen hat!"[278]

Bereits während seiner Bibelschulausbildung bewies Reinhard Bonnke eine unbiblische Haltung gegenüber Gott: „Herr, ich

---

[274] Harold Hill, *Leben wie ein Königskind* (Karlsruhe: Missionswerk Der Weg zur Freude, 1976), S. 131.

[275] Freie Christliche Jugendgemeinschaft, *Martin Rohsmann, Samstagabendgottesdienst* (Lüdenscheid: FCJG, 05.12.1994).

[276] Ebd.

[277] Mitarbeiterring Evangelische Jugend, *Schritte mit Jesus - Erneuerung durch den Heiligen Geist* (Hagen: MAR, 30.03.-03.04.1990).

[278] Hans Böhringer, „Innere Heilung", *Geistesgaben heute*, 1. Auflage, 1982, Hg. Heribert Mühlen (Mainz: Matthias-Grünewald, 1982): 95.

möchte ein Mann des Glaubens werden, wenn Du bereit bist, mir zu vertrauen."[279]

„Herr, ich stelle Dich nun zum ersten Mal auf die Probe, um zu sehen, ob Dein Wort wahr ist."[280]

Dann soll Gott ihm gesagt haben: „Meine Worte sind in deinem Mund genauso mächtig wie Meine Worte in Meinem eigenen Mund."[281]
Diese Zusage entspricht offenkundig aber mehr den Worten Satans in 1Mose 3, 5: „Ihr werdet sein wie Gott."

In die gleiche Richtung ging der Fernsehevangelist Casey Treat, als er in seinem „Christian Faith Center" in Seattle, Washington, USA, lehrte: „Wenn Gott in den Spiegel sieht, dann sieht er mich! Wenn ich in den Spiegel sehe, dann sehe ich Gott! Oh, halleluja! ... Wissen Sie, manchmal sagen die Leute zu mir, wenn sie sauer sind und mir eins auswischen wollen: 'Sie glauben wohl, Sie wären ein kleiner Herrgott!' Ja, danke! Halleluja! Das haben Sie genau richtig verstanden! 'Was glauben Sie eigentlich, wer Sie sind, etwa Jesus?' Jawohl! Hören Sie mich? Laufen Sie denn hier alle herum wie die Götter? Ja, warum eigentlich nicht? Gott hat mir das so gesagt! ... Und weil ich eine genaue Kopie Gottes bin, werde ich so handeln wie Gott!"[282]

Ein weiterer Lehrer der Glaubensbewegung, Charles Capps, bei dem Jesus Christus lediglich „das Produkt von Gottes positivem Bekenntnis war"[283] , nimmt Stellung zu 1Mose 1, 26a:

„Und Gott sprach: Laßt uns Menschen machen in unserm Bild, uns ähnlich!"

---

[279] Ron Steele, *Die Hölle plündern ...*, 2. Auflage, September 1986 (Erzhausen: Leuchter, 1984), S. 18.

[280] Ebd., S. 19.

[281] Ebd., S. 35.

[282] Casey Treat, *Believing in Yourself* (Seattle: Casey Treat Ministries, o.J.), 2. Audiokassette einer vierbändigen Serie, S. 1.

[283] Hank Hanegraaff, a.a.O., S. 37.

Dazu bemerkt er, daß der Ausdruck „uns ähnlich“ im hebräischen Grundtext „eine exakte Kopie in der Art“[284] meinen würde. Weiter heißt es: „Adam war eine exakte Kopie nach Gottes Art.“[285]

Noch weiter geht der hier noch des öfteren zu Wort kommende Kenneth E. Hagin aus Broken Arrow, Oklahoma, USA: „Adam war der Gott dieser Welt.“[286]

Hagins Schüler Kenneth Copeland, Fernsehevangelist und Glaubenslehrer aus Forth Worth, Texas, USA, kommt zu den folgenden vier Äußerungen: „Gottes Grund für die Erschaffung Adams war sein Wunsch, sich selbst zu reproduzieren. ...“[287], „Sein Körper und Gott waren exakt die gleiche Größe.“[288], „Adam, im Garten Eden, war Gott, manifestiert im Fleisch.“[289] und „Adam war eine exakte Kopie von Gott, und nicht gerade ihm untergeordnet.“[290] Schließlich steigert sich Copeland zu folgender Botschaft: „Sie haben nicht einen Gott, der in Ihnen lebt; nein, Sie sind selbst einer!“[291]

Doch diejenigen, die Copeland attakieren, attakieren, laut Benny Hinn, „die wahrhaftige Erscheinung Gottes“[292]. Der Mensch wird bei solchen Äußerungen auf die gleiche Stufe mit Jesus Christus gestellt, wie es schon bei Essek William Kenyon (1867-1948) heißt: „Der Gläubige ist genauso eine Inkarnation (Fleischwerdung, Verkörperung) wie es Jesus von Nazareth war.“[293]

---

[284] Charles Capps, *Authority in Three Worlds* (Tulsa/Oklahoma: Harrison House, 1982), S. 15.

[285] Ebd., S. 16.

[286] Kenneth E. Hagin, *The Believer's Authority* (Tulsa/Oklahoma: Kenneth Hagin Ministries, 1991), S. 19.

[287] Kenneth Copeland, *Following the Faith of Abraham I, # 01-3001* (Fort Worth/Texas: Kenneth Copeland Ministries, 1989), Audiokassette, S. 1.

[288] ---. *Holy Bible: Kenneth Copeland Reference Edition* (Fort Worth/Texas: Kenneth Copeland Ministries, 1991), S. 45.

[289] ---. *Following the Faith of Abraham I*, a.a.O., S. 1.

[290] Ebd.

[291] ---. *The Force of Love* (o.O.: BBC-56, o.J.), Audiokassette, S. 1.

[292] Hank Hanegraaff, *Christianity in Crisis:* Benny Hinn bei TBN, 08.06.1992, a.a.O., S. 339.

[293] Ebd., S. 32.

Da Gott dem Menschen den Auftrag gegeben hat, über die Erde zu herrschen (1Mose 1, 26+28), fragt der Fernsehevangelist Frederick K.C. Price: „So, wenn der Mensch die Herrschaft hat, wer hat sie dann nicht mehr? Gott."[294]

Auf Bonnkes „Deutscher Feuer-Konferenz" wurde am 16. April 1988 beim Samstagabendgottesdienst für die „Taufe im Heiligen Geist" gebetet. Dabei sagte ein älterer Zuhörer schulterklopfend zu einem anderen: „Komm, geh mit nach vorne, wir holen uns noch einen Schuß ab!"[295]

An seine „lieben Missionspartner" schrieb Bonnke am 11. Januar 1994: „Auf ganz klare Anweisung des Herrn habe ich ein klassisch-evangelistisches Büchlein über das Kreuz von Golgatha geschrieben."[296]

Es heißt dort: „Als Jesus dort hing, spürte er in sich zwei einander bekämpfende Kräfte, die negative unserer Sünden und die positive der Liebe Gottes. Jesus war der völlig perfekte Sohn Gottes und wurde am Kreuz zur Sünde für uns gemacht. Er wurde so zum kosmischen Zentrum, wo alles Böse und alles Gute aufeinanderprallte."[297]

Diesen Bibel- und New Age-Mischmasch und gnostischen Dualismus, daß auf Jesus Christus nicht nur die Sünde gelegt wurde, sondern er diese sogar „in sich spürte", bezeichnet Gunter Opitz, Pastor der charismatischen „CHRISTEN IN AKTION pro Solingen" (CIA), in seinem Rundbrief „An die Freunde von 'Jesus live'" als „Evangelium pur"[298].

---

[294] Ebd., S. 11.

[295] Wolfgang Zöller, „R. Bonnkes Prophetie erfüllte sich nicht: Immer weniger kamen in die Grugahalle", *Wir Evangelikalen Nr. 7 / 1. Mai 1988* (Schwarzenborn: WE, 1988): 4.

[296] Christus für alle Nationen, *Meine lieben Missionspartner* (Frankfurt: CfaN, 11.01.1994), S. 1.

[297] Reinhard Bonnke, *Vom Minus zum Plus. Die erstaunlich einfache Lösung für die Probleme der Menschheit* (Frankfurt: CfaN, 1994), S. 19.

[298] CHRISTEN IN AKTION pro Solingen, *An die Freunde von „Jesus live"* (Solingen: CIA, 12.09.1995), S. 1.

Laut biblischer Aussage war die Sünde jedoch nicht „in" Jesus Christus:

„Und ihr wißt, daß er geoffenbart worden ist, damit er die Sünden wegnehme; und Sünde ist nicht in ihm."
(1Joh 3, 5)

In einem älteren Rundbrief hieß es zu Bonnkes „Vom Minus zum Plus" schon: „Wenn Du zu denen gehörst, die kritisieren und Zweifel ausstreuen, an dem, was Gott durch diese Aktion tun will, dann bitte ich Dich, tue Buße und fang an sie im Gebet und auch finanziell zu unterstützen."[299]

**„Geliebte, glaubt nicht jedem Geist, sondern prüft die Geister, ob sie aus Gott sind!
Denn viele falsche Propheten sind in die Welt hinausgegangen."** (1Joh 4, 1)

Dieser Prüfung gibt Opitz jedoch keinen Raum: „Es ist jetzt nicht die Zeit zu diskutieren, zu theologisieren oder fromm heumzuzetern, sondern zu dem, was Gott tun will, von ganzem Herzen ja zu sagen."[300]

Bonnke selbst meinte einmal an anderer Stelle: „Meine Kritiker können mir den Buckel herunterrutschen."[301]

Außerdem ließ er verlauten: „Mich interessieren die Kommentare der Pharisäer überhaupt nicht, überhaupt nicht, überhaupt nicht!"[302]

Auch Rodney Howard-Browne fordert lieber auf: „Prüfe nicht soviel, springe in den Fluß!"[303]

Schon in Benny Hinn's Bestseller „Guten Morgen, Heiliger Geist!" findet sich kein Hinweis zur Prüfung anhand der Bibel: „Mein Freund, wenn Sie bereit sind, eine persönliche Beziehung

---

299 ---. (21.06.1995), S. 1.

300 ---. (11.04.1995), S. 1.

301 Matthias Hamalega, „Unbiblisch", *idea-Spektrum Nr. 37/87* (Wetzlar: Informationsdienst der Evangelischen Allianz, 1987): 22.

302 Christus für alle Nationen, *Ray McCauley, Seminar 1*, a.a.O., S. 1.

303 Werner Bartl, *Hinter den Kulissen - Teil 2*, a.a.O., S. 15.

bisher für möglich gehalten haben, dann lesen Sie weiter. Wenn nicht, möchte ich Ihnen empfehlen, dieses Buch für immer beiseite zu legen!“[304]

Statt biblischer Prüfung gibt es in Solingen Veranstaltungen wie den „Power-Abend“[305] und die „Jesus live special - Holy Spirit Night“[306] mit dem Prädikat „charismatisch, knackig, gut“[307] und der Aussage: „Der Heilige Geist freut sich sicher schon darauf, Euch eine neue kräftige Portion seiner Power zu geben!“[308]

Für den 01. bis 08. November 1996 wurden spezielle „Jesus live-Erweckungstage“[309] anberaumt. In der Vorankündigung heißt es: „In den Erweckungstagen erwarten wir einen weiteren Durchbruch. Gott hat uns in einem geistlichen Eindruck gezeigt, daß die Mauer der Widerstände, die der Feind errichtet hat, Risse bekommen hat und daß der Durchbruch nahe bevor steht [sic!].“[310]

Daß der Heilige Geist quasi nach Terminkalender fällt, wird bei Reinhard Bonnke noch deutlicher:

So hieß es im Vorfeld der Euro-Feuer-Konferenz vom 19. bis 24. Juli 1988 in Birmingham: „Der Heilige Geist wird fallen ...“[311] Schon vor der Konferenz vom 05. bis 09. August 1987 in Frankfurt ließ Bonnke folgende Worte verlauten: „Erweckung wird kommen von Afrika nach Europa.“[312], „Es wird ein göttliches Erwachen -

---

304 Benny Hinn, *Guten Morgen, Heiliger Geist!*, a.a.O., S. 8.

305 CHRISTEN IN AKTION pro Solingen, *An die Freunde von „Jesus live“* (Solingen: CIA, 21.06.1995), S. 1.

306 ---. (17.01.1995), S. 1.

307 Nach einer Aussage von CIA-Mitarbeiter Albrecht Eberhardt (Solingen: CIA, 06.08.1993).

308 CHRISTEN IN AKTION pro Solingen, *An die Freunde von „Jesus live“* (Solingen: CIA, 16.05.1995), S. 1.

309 ---. *Jesus live - Erweckungstage - das Volk Gottes steht auf!* (Solingen: CIA, 29.10.1996), S. 1.

310 Ebd.

311 Reinhard Bonnke, „Meine lieben Missionspartner!“, *Missions-Reportage Nr. 3/88 D* (Frankfurt: CfaN, 1988): 2.

312 o.O., „Coming in 1987:“, *Revival Report July 1986* (West Midlands: CfaN, 1986): 8.

EINE ERWECKUNG - geben!"[313], „Auftakt zur größten Ausgießung des Heiligen Geistes in Europa"[314], „Im Geist kann ich die Flammen des göttlichen Feuers bereits prasseln hören!"[315], „Gott wird Zeichen und Wunder tun. Ein neuer Tag ist für Europa angebrochen."[316] und „Dies ist ein neuer Tag für Europa."[317]

Walter Heidenreich sprach beim „Marsch für Jesus" am 25. Juni 1994 sogar von einem „Tag, der die Welt verändert"[318].

In Solingen findet seit dem 5. Mai 1996 an jedem ersten Sonntagabend im Monat ein Gottesdienst mit der Bezeichnung „PRAISE 'N FUN"[319], zu deutsch „Lob und Spaß", statt.

„Die gastgebende Gemeinde läßt uns mit knackigem Lobpreis abheben - in Richtung Herrn natürlich."[320] So lautet der Hinweis zum Projekt „EXTRA ON TOUR" von Peter J. Ischka, dem Chefredakteur der Zeitschrift „Extrawurst", die unter anderem folgenden Zweck hat: „Es werden die denominationellen Extrawürstchen ein wenig gekocht und daraus ein immer köstlicherer Wurstsalat kreiert, der vor allem den Ungläubigen munden soll ... Theologische Ausrichtung: Christoevangelikatholprotestbaptistoiedmennopfingstcharismethotistisch."[321]

---

[313] Reinhard Bonnke, „Meine lieben Missionspartner!", *Missions-Reportage Nr. 3/87, Mai 1987* (Frankfurt: CfaN, 1987): 2.

[314] Peter Vandenberg, „... Nehmen Sie nicht den Mund zu voll? Ein Interview mit Reinhard Bonnke über die EURO-FEUER-KONFERENZ", *Missions-Reportage Nr. 3/87, Mai 1987* (Frankfurt: CfaN, 1987): 7.

[315] Reinhard Bonnke, „Wie fiel das Feuer auf dem Berg Karmel?", *Missions-Reportage Nr. 4/87, Juni 1987* (Frankfurt: CfaN, 1987): 2.

[316] o.O., „Euro Fire Conference Frankfurt '87", *Missions-Reportage Nr. 1/87, Februar 1987* (Frankfurt: CfaN, 1987): 8.

[317] o.O., „Coming in 1987:", a.a.O., S. 8.

[318] Walter Heidenreich, *Liebe Freunde, ...* (Lüdenscheid: Marsch für Jesus, Januar 1994), S. 1

[319] CHRISTEN IN AKTION pro Solingen, *An die Freunde von „Jesus live"* (Solingen: CIA, 22.04.1996), S. 1.

[320] Peter J. Ischka und Roland R. Huwer, „Vision und Motivation zur Freundschafts-Evangelisation in Deiner Stadt", *Extrawurst April 1996 Nummer 14* (Belp: Agentur C, 1996): 15.

[321] Peter J. Ischka, „Der Zweck der EXTRA*WURST*", a.a.O., S. 2.

Engelsbeschreibungen

ANFANG 1995 erzählte Marc Dupont in der charismatischen Gemeinde „Fabrik 88“ in Karlsruhe-Durlach vor cirka 700 Besuchern folgenden „bildlichen Gedanken“[322]:

„Ich sah den Thronraum an einem Sonntagmorgen, 8.30 Uhr am Morgen. Der Heilige Geist erscheint dort und sagt: ‘Jesus, der Gottesdienst fängt an, du mußt da runterkommen!’ Und ich sehe, wie Jesus da so runter geht und sagt: ‘Oh, ich kann einfach keinen weiteren Sonntag ertragen. ... Vater, ich brauche einen freien Tag! Ich möchte gerne den Fernseher anmachen und schauen, wie die Engel Fußball spielen!’ Und der Vater sieht Jesus an und sagt: ‘Nun, es ist dein Fehler! Du hast verheißen, wo zwei oder drei versammelt sind, wirst du da sein; so mußt du dort sein!’ ... Ich frage mich, wie es den Engeln geht, die müßten so gelangweilt sein. Mir gefällt, was mein guter Freund, Larry Randow sagt: ‘Die meisten von uns haben gar keine Schutzengel mehr. Die sind alle im Himmel und empfangen Seelsorge, weil sie zu deprimiert sind, um bei uns zu sein!’“[323]

Nach diesem blasphemischen Klamauk brach der Zuhörersaal dermaßen in Lachen aus, daß Dupont seine „Predigt“ kurz unterbrechen mußte. Schließlich forderte er die Versammelten mehrfach auf: „Verlaßt eure Gemeinden, wenn es zu langweilig ist, und macht was Neues.“[324]

---

[322] Fabrik 88, *Marc Dupont, Erfrischung - Erweckung und weiter?* (Karlsruhe: Fabrik 88, 1995), Audiokassette, S. 2.

[323] Ebd.

[324] Ebd.

In gleicher Weise äußert sich auch Rodney Howard-Browne: „Das tote Holz muß abgeschnitten werden, egal, ob es zur Gemeindespaltung kommt!“[325]

**„Laßt uns festhalten an dem Bekenntnis der Hoffnung
und nicht wanken; und nicht verlassen
unsre Versammlungen, wie einige zu tun pflegen, sondern einander ermahnen, und
das um so mehr, als ihr seht, daß sich der Tag naht.“**
(Hebr 10, 23a+25; Luther ‘84)

Während eine dreizehnjährige Legasthenikerin in der Gemeinde von Dupont „im Geist ruhte“[326], hätten Engel sie am Gehirn operiert. „Sie hörte, wie Gott den Engeln Anweisungen gab, und man sagte ihr, sie solle stillhalten, weil ‘diese Operation sehr schwierig ist.’ Heather berichtete auch, einer der weiblichen Engel sei so ‘aufgedreht’ gewesen, daß er anfing, mit Heathers Gehirn zu spielen, und Gott habe ihn zur Ruhe rufen müssen: ‘Dies ist sehr ernst und nicht die richtige Zeit zum Spielen.’ (Heather fand das sehr lustig.)“[327]

Dem ehemaligen Pfingstprediger Helmut Helling berichtete eine ältere Pfingstlerin aus Bielefeld, wie sie eines Tages im dichten Straßenverkehr betete: „Ach, lieber Herr Jesus, bitte hole mich doch über die Straße herüber! Wie lange soll ich hier noch stehenbleiben?“[328]

Helling erzählt: „Und dann sieht sie mit ihren offenen Augen am hellichsten Tage, wie Jesus über die Straße kommt, mitten durch den Verkehr hindurch, nimmt sie an die Hand - sie spürt das - und führt sie durch den Verkehr auf die andere Seite.“[329]

---

[325] Werner Bartl, *Hinter den Kulissen - Teil 2*, a.a.O., S. 15.

[326] Siehe These Nr. 5, S. 33.

[327] Guy Chevreau, *Der Toronto-Segen* (Hochheim: Projektion J, 1994), S. 127.

[328] Christliche Literatur-Verbreitung, *H. Helling: Warnung vor der Verführung, Teil 2* (Bielefeld: CLV, o.J.), 1. Audiokassette einer vierbändigen Serie, S. 1.

[329] Ebd.

Dann berichtet Helling: „Die sieht nicht nur den Herrn Jesus, die sieht machmal sogar einen Engelchor [sic!] und hört ihn. Wunderbar: Den Dirigenten, dort mit einem goldenen Taktstock; hört wie sie singen: 'Lobet den Herren, den mächtigen König der Ehre', 'Harre meine Seele, harre des Herrn'. ... Ab und zu sieht sie auch einen großen Engel neben Jesus; der hat ab und zu auch mal so eine Kerze in der Hand und - nun fing ihr Gesicht etwas an zu strahlen - 'manchmal ist da auch ein kleiner Engel, der hatte so ein Blumenkörbchen; der streut manchmal Blumen 'rum und zweimal saß er schon auf meinem Schoß und hat mich gestreichelt.' ...

Sie erzählte mir das alles freudestrahlend und ich betete in meinem Herzen: 'Oh, Herr Jesus, bitte gib doch Gnade, daß diese Mächte offenbar werden.'

Und wir aßen, ich sprach das Tischgebet und da, mit einem Mal sagt sie: 'Da steht der Heiland!' Ich sah sie an. Sie sah, ich sah ihn natürlich nicht. ... 'Und da steht auch der große Engel, und da hat er gerade seine Kerze hingestellt.' Ich sah sie natürlich nicht, sie sah sie aber.

Und in meinem Herzen betete ich: 'Herr Jesus, bitte offenbare doch, was das für Mächte sind, daß die Frau das auch erkennen kann. Zwinge sie doch, das sie sich kundtun müssen.'

Und dann fragte ich: 'Sagen Sie doch 'mal, beschreiben Sie mir doch einmal den großen Engel dort!' 'Ja!', sie guckt: 'Ganz hellblonde Haare, wallend bis unten hin, mit einem goldenen Reif um die Stirn, hellblaue Augen, ein ganz weißes Gewand, strahlend bis unten hin, mit einem goldenen Gürtel um die Hüfte!'

Und ich sage: 'Und an den Füßen?' Da beugt die Frau sich nach vorne. 'Ja', ich sage: 'Und an den Füßen?' 'Lackschuhe, hat er noch nie angehabt!' Ich sage: 'Ja, wie sehen die Lackschuhe denn aus?' 'Schwarz, hat er noch nie angehabt!'

Ich sage: 'Oh Herr, ich preise dich, daß du geoffenbart hast! Dann beschreiben Sie mir doch 'mal den kleinen Engel!' 'Lackschuhe!'

Und dann konnte ich der Frau von daher erklären, daß doch niemals ein Engel mit schwarzen Lackschuhen erscheinen wird! ... Und dann sagte sie: 'Nun geht der kleine Engel weg. ... Nun sitzt er im Fenster und winkt noch so traurig.'"[330]

---

[330] Ebd.

Auch von dem bereits erwähnten William Branham sind Engelserfahrungen dokumentiert: Bei einem Vortrag sagte er eines Abends zu seinem Übersetzer: „'Stellen Sie sich [sic!] nicht zu meiner Rechten. Da steht mein Engel.' Der Übersetzer fragte naiv: 'Wie sieht der Engel aus?' Branham beschrieb ihn als einen starken Mann mit schwarzen Haaren, der mit verschränkten Armen neben ihm stehe. Er müsse alles tun, was der Engel ihm auftrage. Branham kam manchmal zu spät zum Vortrag. Der Übersetzer bat ihn: 'Sie müssen früher kommen.' Branham erwiderte: 'Ich kann erst gehen, wenn der Engel es sagt. Der Engel begleitet mich bei Tag und Nacht. Alles, was er anordnet, muß ich tun, sonst habe ich beim Sprechen keine Vollmacht. Ich kann auch im Privatleben nicht meine eigenen Entscheidungen treffen. Ich kann nur ausgehen, wenn der Engel es erlaubt. Ich kann nur Menschen empfangen, die der Engel zuläßt.' ... Wenn nach der Abendversammlung Menschen zur Heilung vortraten, dann bestimmte der Engel, wer eine Handauflegung erhalten sollte. Branham war nur der Sklave seines Engels. Der Übersetzer fragte einmal Branham: 'Glauben Sie, daß Ihre Heilkräfte Gaben des Heiligen Geistes sind?' Branham antwortete: 'Nein, das macht mein Engel.'"[331]

Der Pfingstpastor Roland Buck (1918-1979) weiß in seinem Buch „Begegnungen mit Engeln" aber noch von weiteren Einzelheiten zu berichten:

„Jeder möchte wohl etwas darüber wissen, wie Engel aussehen. Keine zwei Engel sehen gleich aus! Sie erscheinen in allen Größen, haben verschiedene Haarschnitte, und ihre Gesichtszüge sind auch unterschiedlich. Der Engel, der Gabriel begleitet, trägt sein Haar so, wie viele Männer heute. Er sieht aus, als wäre er etwa 25 Jahre alt. Wie schwer er ist, kann ich nicht genau sagen - vielleicht fast 200 Kilo. Er ist nämlich über zwei Meter groß. Er trägt meistens ein braunes Hemd und kleidet sich etwas salopp.

---

[331] Dr. Kurt Koch, *Heilung und Befreiung. Seelsorgerliche Hilfe für kranke, angefochtene und okkult belastete Menschen*, a.a.O., S. 52.

Seine Hose ist auch braun und etwas weit. Sein Hemd wird oben von einer Kordel zusammengezogen."[332]

Diese okkulten Visionen stehen im krassen Widerspruch zu den Engelsbeschreibungen in der Bibel:

„Und es geschah, als sie darüber in Verlegenheit waren, siehe, da standen zwei Männer in strahlendem Gewand bei ihnen."
(Lk 24, 4)

„... und sieht zwei Engel in weißen Kleidern dasitzen, einen bei dem Haupt und einen bei den Füßen, wo der Leib Jesu gelegen hatte." (Joh 20, 12)

„Und als sie gespannt zum Himmel schauten, wie er auffuhr, siehe, da standen zwei Männer in weißen Kleidern bei ihnen."
(Apg 1, 10)

---

[332] Charles und Frances Hunter/Roland Buck, *Begegnungen mit Engeln*, 4. Auflage, Mai 1992 (Erzhausen: Leuchter, 1980), S. 46.

Jesus-Visionen und der Umgang mit dem Teufel

1. Kenneth E. Hagin

Okkulte Visionen sind bei Charismatikern keine Seltenheit.

Kenneth E. Hagin hatte mehrere „Jesus-Erscheinungen“ und beschreibt ihn mit einer Körpergröße von etwa 1,80 Meter und einem Gewicht von fast 80 Kilogramm[333].

Hagin berichtet, wie er sich als 15-jähriger bekehrt hat: „Ich schlüpfte aus meinem Körper. ... Ich sank nach unten - immer tiefer hinab. ... Vor mir standen die Pforten der Hölle. Riesige orangefarbene Flammen mit weißen Spitzen züngelten daraus hervor. Wie ein Magnet ein Stück Metall anzieht, so wurde ich zum Eingang der Hölle gezogen. ... Ich war mir bewußt, daß irgendein Wesen mich am Boden der Grube empfing, ... um mich hineinzuführen. In diesem Augenblick hörte ich aus der Ferne, jenseits der Finsternis eine Stimme. ... Das Wesen ließ meinen Arm los, und ein starker Sog an meinem Rücken zog mich zurück. Ich schwebte vom Eingang der Hölle weg, bis ich in den Schatten der Finsternis stand. [sic!] Dann glitt ich, wie von einer Kraft gezogen, mit dem Kopf voraus durch die Finsternis nach oben. Bevor ich oben ankam, sah ich Licht. Ich befand mich in einer Art Schlucht und konnte über mir das Licht sehen. Schließlich stand ich auf der Veranda des Hauses meines Großvaters. ... Dann ging ich direkt durch die Wand - nicht durch die Tür oder das Fenster - und schien

[333] Kenneth E. Hagin, *Geführt von Gottes Geist*, 2. Auflage, Juli 1989 (Feldkirchen/München: Wort des Glaubens, 1987), S. 29.

in meinen Körper hineinzuschlüpfen, so wie man morgens seine Stiefel anzieht."[334]

Nach einem letzten Gespräch mit seiner Großmutter wiederholte sich die Vision in gleicher Weise.

Hagin berichtet: „Diesmal tauchte ich aber am Fußende meines Bettes auf. ... Ich konnte meinen Körper auf dem Bett liegen sehen."[335]

Als Hagin dann zum dritten Mal seinen Körper verließ, um nach unten zu sinken, eine Hitze zu fühlen, ein Wesen zu spüren und eine Stimme zu hören, begann er nun, bei seinem erneuten Aufsteigen zu beten, ehe er dann diesmal neben seinem Bett wieder auftauchte und in seinen Körper schlüpfte. Zusammenfassend erklärt Hagin: „Am 22. April 1933 wurde ich um 20 Minuten vor acht von neuem geboren und bin seither errettet."[336]

Als er am 16. August 1933 wieder schwer krank im Bett lag, sei sein Zimmer plötzlich „von der Herrlichkeit Gottes erhellt"[337] worden: „Nun stieg ich in die Herrlichkeit hinauf. Ich verließ meinen Körper und schwebte nach oben. ... Ich hörte eine Stimme, die Englisch sprach - ich sah nichts. Ich dachte, es müsse Jesus sein, weil es die Stimme eines Mannes war. Er sagte: 'Geh' zurück! Geh' zurück! Geh' zur Erde zurück! Deine Arbeit ist noch nicht getan!' Ich sank nach unten und kam wieder ins Zimmer. ... Viele Jahre lang hatte ich nichts von diesen Erlebnissen erzählt, denn sie waren mir zu heilig, um darüber zu sprechen."[338]

Kenneth E. Hagin ist nicht irgendein charismatischer Prediger, sondern gilt als der „Großpapa der Glaubenslehrer"[339] und als der

---

334 ---. *An den Pforten der Hölle*, 2. Auflage, Oktober 1989 (Feldkirchen/München: Wort des Glaubens, 1988), S. 4-7.

335 Ebd., S. 11.

336 Ebd., S. 16.

337 Ebd., S. 20.

338 Ebd., S. 20-21.

339 Sherry Andrews, „Kenneth Hagin - Keeping the Faith", *CHARISMA, October 1981* (o.O.: CHARISMA, 1981): 24.

Begründer bzw. „Vater der Glaubensbewegung“[340], deren Wurzeln nach D.R. McConnell aber „in metaphysischen Kulten liegen.“[341]

Es ist fatal, daß der Charismatiker John Osteen das spiritistische Erlebnis Hagins, das dieser als seine Bekehrung und heiliges Erlebnis[342] verkauft, sogar verfilmen ließ[343].

2. Roland Buck

Roland Buck erfuhr, daß Gott sich zu derartigen Visionen stellt. In Anlehnung an Hagin schrieb Buck: „Einige sind sogar den Pforten der Hölle nahegekommen und konnten hineinsehen, andere durften sogar in den Himmel hineinblicken, aber dann sind sie doch zurückgekehrt. Gott hat mir das nicht als Lehre gegeben, die man beweisen oder als Lehrfach einführen könnte, sondern als einfache Tatsache. Ich sagte Gott auch, daß dies nicht mit meiner Theologie übereinstimme, aber Er meinte nur, Er wolle es sowieso nicht mit meiner Theologie vergleichen! Ich sah eine Art Flur, wie ein Gang oder Tunnel zwischen Leben und Tod, ein Wartezimmer, von wo aus die Geister in ihre ewige Heimat gehen. Gott sagte mir, daß Menschen, die zum irdischen Leben zurückkehren, aus diesem Flur kommen. Ich fühlte mich die ganze Zeit, während ich im Thronsaal war, sehr wohl, aber das Erlebnis war zu schnell vorbei. Plötzlich kam ich in mein Büro zurück und konnte mich selbst vornübergebeugt im Gbet sitzen sehen. Bis zu diesem Augenblick hatte ich gedacht, ich wäre im Leibe im Thronsaal, aber dem war nicht so. ... Als ins Büro zurückkehrte, konnte ich einen Augenblick meinen Kopf von hinten sehen.“[344]

---

[340] E.S. Caldwell, „Kenneth Hagin sen.: Acknowledged as Father of the Faith Movement“, *CHARISMA, August 1985* (o.O.: CHARISMA, 1985): 116.

[341] D.R. McConnell, *Ein anderes Evangelium?*, 1. Auflage, 1990 (Hamburg: C.M. Fliß, 1990), S. 242.

[342] Kenneth E. Hagin, *An den Pforten der Hölle*, 2. Auflage, Oktober 1989 (Feldkirchen/München: Wort des Glaubens, 1988), S. 21.

[343] John Osteen, *Lakewood Church* (o.O.: Super Channel, 26.12.1993).

[344] Charles und Frances Hunter/Roland Buck, *Begegnungen mit Engeln*, a.a.O., S. 56-57.

3. Jean Schwab

Auch der Schweizer Charismatiker Jean Schwab will von Gott in die Nähe der Hölle gebracht worden sein. Er berichtet: „Plötzlich sprach mich ein Mann an, der inmitten einer Gruppe Unglücklicher auch dort war. Es war Hitler, der mit einigen seiner Helfershelfer das Gericht Gottes erwartete. Als er mich sah, brauste er auf und schrie mich an: ‘Was machst du hier, willst du mich auch noch hier quälen?’ Seine Zellenkameraden fragten ihn, wer ich sei und er antwortete ihnen: ‘Erkennet ihr diesen Menschen denn nicht wieder? Seinetwegen haben wir den Krieg verloren! Jedesmal, wenn wir einen Schlachtplan vorbereitet hatten, funkte er dazwischen und machte alles zunichte!’“[345]

Wie bei Hagin soll Jesus auch Schwab persönlich erschienen sein und diesen geheilt haben, als er 1952 in einem Krankenhaus im Sterben lag: „Es war halb neun Uhr, als ein so helles Licht in meinem Zimmer aufstrahlte, daß ich zu erblinden vermeinte. Ich sah eine menschliche Gestalt auf mich zukommen, die ich sofort erkannte, so sehr widerspiegelte Sein Gesicht die Liebe und Güte. Er zeigte mir Seine durchbohrten Hände, um mir zu sagen: ‘Dies habe ich für dich getan.’ Dann streckte Er mir Seine rechte Hand entgegen, ich ergriff sie im Glauben, und in dem Augenblick, als die Berührung des Göttlichen mit dem Menschlichen stattfand, ging ein solches Krachen durch meinen ganzen Körper, daß ich in Stücke zu gehen glaubte.“[346] Der Nachtschwester sagte er dann: „Vor einigen Minuten ist Jesus zu mir gekommen und hat mich ganz geheilt.“[347]

Diesen Jesus hörte er dann am 12. August 1974 zu sich sprechen: „‘Weil ich noch soviel mit dir und durch dich leisten möchte, will ich dich um 25 Jahre jünger machen.’ Und von einem Tag auf den anderen fühlte sich Jean Schwab jünger. Seine angegrauten Haare verschwanden.“[348]

---

[345] Jean Schwab, *In Deinem Lichte sehen wir das Licht (Psalm 36, 10)*, 3. Auflage, Juli 1988 (Yverdon: Jean Schwab, 1981), S. 18.

[346] Ebd., S. 29.

[347] Ebd., S. 30.

[348] Ebd., S. 11.

Außerdem schildert Schwab eine Begegnung mit „finsteren Mächten“[349], die ihn in der Nacht vom 12. Februar 1976 „hart und plötzlich“[350] weckten: „Ich sah einen sehr beleibten, kahl geschorenen Mann, mit ärmelloser, lederner Jacke und Hose, der mit einer Peitsche aus mehreren Seilenden, die an einem 2 Meter langen Riemen befestigt waren, auf sein Opfer einschlug.“[351]

Im Januar 1978 soll Gott ihm „die Richtigkeit der Vision des Evangelisten Ron White vom 15. Juni 1976“[352] bestätigt haben, daß „die Bundesrepublik für kurze Zeit von kommunistischen Truppen besetzt werden“[353] würde. Auf dem Höhepunkt der darauffolgenden Erweckung solle dann die Entrückung der Gemeinde stattfinden.[354]

Doch auch Jean Schwab will von Gott von der Schweiz nach Norwegen entrückt worden sein, um dieses Land vor „der kommunistischen Subversion“[355] zu bewahren: „Um diese Zerstörungsmächte, ... besser bekämpfen zu können, ergriff mich der Herr durch Seinen Geist und versetzte mich in dieses Land.“[356]

Laut Schwab begann die Endzeit 1981, in dem Jahr, wo Jesus ihm gestattet haben soll, seine Schrift „Eine Unterhaltung mit Jesus“ zu veröffentlichen: „Halte diese Offenbarung geheim, bis die Endzeit anbrechen wird, weil meine Gemeinde sie nicht vor diesem Zeitpunkt erhalten soll.“[357]

Desweiteren empfing Schwab eine Botschaft, in der Gott mit Deutschland, seiner „erwünschten Gattin“[358], flirtet: *„Hallo, Germania! Höre, was der Herr aller Herren sagt:* Meine süße Germania mit den blauen Augen, in denen sich das Blau des Himmels wiederspiegelt: Ich liebe deine blonden, langen, gewellten Haare zu sehen, wie Ährenfelder, umrahmt von großen Pappeln, von den

---

[349] Ebd., S. 54.
[350] Ebd., S. 53.
[351] Ebd., S. 54.
[352] Ebd., S. 13.
[353] Ebd.
[354] Ebd.
[355] Ebd., S. 14, 39.
[356] Ebd.
[357] Ebd., S. 21.
[358] Ebd., S. 36.

Gestaden des Bodensees bis zu den Ebenen der Nordsee und von den Ufern des Rheins über Berlin bis Breslau! Ich genieße deine durch die schönen Gesänge und süßen Klänge wohlriechenden Lippen der glücklich Erlösten! Deine beiden schön angelegten Hügel leben im Rhythmus einer breiten Brust, deren Herz für den König Jesus schlägt, von Dem du den zärtlichsten Kuß empfingst!"[359]

Die Kontroverse um das „Christliche Fernsehen" schien Gott bei Schwab selbst zu klären: „Betet und wirkt, damit Presse, Radio und T.V. sich zu meiner Verfügung stellen, um meinen Lebensodem weit hinauszutragen."[360]

4. Demos Shakarian

Wie Hagin und Schwab glaubte auch Demos Shakarian (1913-1993), der Gründer der „Geschäftsleute des vollen Evangeliums", in den Himmel erhoben zu sein: „Obgleich ich auf meinen Knien blieb, fühlte ich mich so, als ob ich mich erhöbe und meinen Körper verließ. Ich bewegte mich aufwärts, weg vom Wohnzimmer. ..."[361] Dann vernahm er eine Stimme, die folgende Worte sagte: „Mein Sohn, was du als nächstes siehst, wird sehr bald geschehen."[362] Auf die Erde blickend, sah Shakarian dann eine geistliche Erweckung: „Diese Menschen, die so isoliert gewesen waren, ein jeder im Gefängnis seiner selbst, waren zu einer Gemeinschaft von Liebe und Anbetung verbunden. Asien, Afrika, Amerika - überall hatte sich Tod in Leben verwandelt. Und dann war die Vision vorbei. Ich merkte, wie ich auf die Erde zurückkehrte. ... Ich konnte mich selbst sehen, kniend, ..."[363]

---

[359] Ebd.

[360] Ebd., S. 43.

[361] Demos Shakarian mit John und Elisabeth Sherill, *Die glücklichsten Menschen auf Erden*, 11. Auflage, Februar 1991 (Erzhausen: Leuchter, 1976), S. 110.

[362] Ebd., S. 111.

[363] Ebd.

5. Lester Sumrall

Ebenso empfing Lester Sumrall als 17-jähriger eine Vision. Wie bei Hagin und Schwab ereignete sich diese am Sterbebett: „Es war das dramatischste und eindrucksvollste Ereignis meines Lebens. Es war kein Traum, und ich schlief nicht. Alles war hell, lebendig und real. Auf der rechten Seite meines Bettes erblickte ich einen Sarg, der in der Luft schwebte. Der Sarg war sehr schön, er war mit glänzender Seide ausgelegt und mit weißen Lilien und roten Rosen geschmückt. Der Sarg war ein wenig aufgerichtet, und ich konnte hineinblicken. Er war leer, und ich hatte den Eindruck, daß er genau meine Größe hatte. ... Rasch drehte ich mich auf die linke Seite, und hoffte, daß ich mich damit der Vision entziehen könnte. Doch auf dieser Seite schwebte mitten im Raum eine aufgeschlagene Bibel. Sie hatte die Größe meines Bettes und war somit größer als jedes Buch, das ich je gesehen hatte. Ohne daß es mir jemand sagte, wußte ich, daß diese Bibel bedeutete, daß ich predigen sollte. In dem Augenblick, als ich mit fiebrigen Augen zuerst den Sarg und dann das offene Buch betrachtete, sprach Gott zu mir: ‘Lester, welche Entscheidung triffst du heute nacht?’“[364]

Sumrall war nach eigenen Angaben zu der Zeit noch kein Christ und antwortete: „Herr, wenn predigen meine einzige Chance ist, am Leben zu bleiben, dann werde ich predigen.“[365]

6. Andreas Hübner

Andreas Hübner, der Gründer von „Mission International World Wide Gospel Ministries“, will als 16-jähriger eine „kraftvolle Begegnung des Heiligen Geistes“[366] erlebt haben: „Gott weckte ihn auf und zeigte ihm eine Vision, die sein Leben und seinen Dienst vollkommen veränderte. In dem Geist wurde er nach Golgatha ge-

---

[364] Lester Sumrall, *Als er die letzte Ernte des Herrn sah, wurde er ... Von der Vision ergriffen*, 1. Auflage, Juli 1988 (Feldkirchen/München: Wort des Glaubens, 1988), S. 16.

[365] Ebd.

[366] Jesus To The World Mission, *This is ... Mission International* (Rotenburg: J.T.T.W.M., 1993), S. 4.

führt und für eine halbe Stunde lag er vor dem Kreuz mit seinen Augen auf Jesus fixiert! Es war unmöglich für ihn, wegzuschauen. Er sah das Gesicht Jesu, die Dornenkrone, die von Nägeln gezeichneten Hände."[367]

7. Mike Flynn

John Wimber und Kevin Springer veröffentlichten in ihrem Buch „Die Dritte Welle des Heiligen Geistes" auch Erlebnisse von Mike Flynn, dem Pfarrer der „St. Jude's Episcopal Church" in Burbank, Kalifornien. Dieser lernte folgende Methode, Kranke zu heilen: „Ich hatte mir angewöhnt, mir Jesu Gegenwart bildlich vorzustellen. Überall, wo ich war, konnte ich ihn auf dem Thron sitzen sehen. So blickte ich zu Jesus. Er erhob sich von seinem Thron, kniete sich neben die Frau, legte den rechten Arm um ihre Schulter, griff mit seiner Linken in ihr Herz und holte etwas heraus, das wie eine schwarze, gallertartige Masse aussah. Diese Masse tat er in sein eigenes Herz, wo sie schrumpfte, sis sie sich in nichts auflöste. Dann griff er erneut in sein Herz und holte eine weiße Masse heraus, die er vorsichtig in das Herz der Frau legte, an die Stelle, wo vorher die dunkle Masse gewesen war. Schließlich wandte sich Jesus mir zu und sagte: 'Tu das.' ... Innerhalb der nächsten Jahre betete ich in ähnlicher Weise für Hunderte von Menschen und lehrte viele diese Art des Gebets."[368]

Weiter berichtet Flynn: „Die zweite Erfahrung, die mein Leben veränderte, machte ich, als ich über Johannes 15 nachsann. Ich stieß auf den Vers 5, der mit den Worten endet: 'Ohne mich könnt ihr nichts tun.' 'Das stimmt doch nicht!' erwiderte ich. 'Herr, ich habe alles mögliche ohne dich getan.' 'Nenn mir ein [sic!] Sache', forderte er mich heraus."[369] Dieser Jesus, der Flynn herausforderte, soll dann auch sarkastisch, also spöttisch oder höhnisch, geworden sein: „Dann sah ich vor meinen Augen ein kurzes Lineal, an dem

---

[367] Ebd.

[368] Mike Flynn, „Komm, Heiliger Geist", *Die Dritte Welle des Heiligen Geistes. Was kommt nach der Erneuerung?*, Hg. John Wimber, Kevin Springer (Hochheim: Projektion J, 1988): 168-169.

[369] Ebd., S. 169.

aber, wie bei einem Thermometer, gleichzeitig ein Kolben war. Es zeigte 10,5 Zentimeter an, und der Herr sagte zu mir: 'Wenn du alle Fähigkeiten einsetzt, dann schaffst du es vielleicht, so viel Gutes hervorzubringen.' Der Ton war sarkatisch. Dann kletterte das Thermometer auf 10,75 Zentimeter, und der Herr sagte: 'Und ein Mensch, der besser ist als du, könnte so viel Gutes tun.'"[370]

8. Charles und Frances Hunter

Der Heilungsevangelist Charles Hunter erzählt von folgender Vision seiner Frau Frances während eines Gottesdienstes in Indiana: „Nach geraumer Zeit spürte Frances, wie der dünne Ärmel ihres Kleides von einem leichten Luftzug bewegt wurde, der offenbar von jemand kam, der sich neben sie setzte. Sie dachte, es sei der Pastor, der heraufgekommen war, sie daran zu erinnern, daß er sie als Rednerin eingeladen hatte und nicht Charles. Es vergingen wieder ein paar Minuten, dann zupfte sie jemand am Ärmel. Als sie sich umdrehte, erschrak sie, denn es war gar nicht der Pastor. Wer direkt neben ihr saß, entspannt, die Arme auf den Armlehnen, die Beine übereinandergeschlagen, war *Jesus*! Seine Silhouette war deutlich zu sehen, aber er war durchsichtig! Ein schwaches, aber glänzendes, blaues Leuchten umgab seine ganze Erscheinung!"[371]

Außerdem will Frances Hunter den Heiligen Geist in Gestalt einer Taube gesehen haben: „Als ich über die Menschen sah, erschien eine riesige Taube mit einer Flügelspannweite von etwa 16 Metern über der linken Seite des Saales. Sie war nicht weiß! Sondern 'wie aus Feuer'. Sie sah aus wie aus Feuer modelliert, sie war rot, orange und gelb. ... Und dann passierte etwas Erschreckendes. Flügelfedern der Taube fielen herab und landeten auf verschiedenen Leuten. Es sah aus, als würden Feuerwerksraketen explodieren, als die Federn rascher und rascher auf das Publikum regneten. ... Dann verschwand die Taube, so schnell, wie sie erschienen war. An ihrer Stelle erschien sofort eine weiße Taube. Ich sagte dem Publikum,

[370] Ebd.

[371] Charles und Frances Hunter, *Wie man Kranke heilt*, a.a.O., S. 100-101.

daß die 'Feuer-Taube' verschwunden und durch eine weiße Taube ersetzt worden war."[372]

9. R. Paulaseer Lawrie

Auch in einem Gottesdienst mit R. Paulaseer Lawrie wurden derartige Farben vernommen: „Als Lawrie am 18. Juni 1969 in Troy, Ohio, in einer kleinen Versammlung sprach, sah ein ungläubiger Besucher, Clarence Holsinger, plötzlich rötlich-orangene Flammen aus seinen Augen schießen, und er sah, wie Lawrie verschwand und an seiner Stelle eine Lichtgestalt stand, blendender als Sonnenlicht. Und sie sagte zu Holsinger: 'Ich erlaube dir nicht, deinen Kopf zu drehen, bis du mich als deinen Heiland angenommen hast!'"[373]

Über Lawrie heißt es, daß „ihn der Herr auf eine besondere Weise besuchte und ihm sagte, daß Er, bevor ein Mensch auf dem Mond landet, zur Erde herniederkommen wird, um Seine Braut zu sich zu nehmen."[374]

10. Ewald Frank

Ewald Frank, Gründer und Leiter der „Freien Volksmission" in Krefeld, der die Botschaft von William Branham verbreitet, vernahm am Morgen des 2. April 1962 die Stimme des Herrn, die „wie eine kräftige Männerstimme"[375] war. Danach will er sich „außerhalb seines Leibes, ungefähr 3 m entfernt"[376] gesehen haben.

11. Merlin Carothers

Merlin Carothers berichtet in seinem 1970 erschienenen Buch „Prison to Praise" von folgender Vision:

---

[372] Ebd., S. 206-207.

[373] Kurt Hutten, *Seher Grübler Enthusiasten. Das Buch der traditionellen Sekten und religiösen Sonderbewegungen*, 12. Auflage, 1982 (Stuttgart: Quell, 1953), S. 216.

[374] Ebd., S. 217.

[375] Ebd., S. 209.

[376] Ebd.

„... I suddenly saw in the Spirit, Jesus kneeling before me. He was holding my feet and rested His head on my knees. He said: 'I don't want to use you. I want you to use Me!'"[377]

Der pfingstliche Johannes Fix-Verlag brachte das Buch 1974 unter dem Titel „Ich suchte stets das Abenteuer" heraus. Übersetzt müßte Carothers Vision also folgendermaßen lauten:

„Plötzlich sah ich im Geiste Jesu vor mir knien. Er hielt meine Füße und legte seinen Kopf auf meine Knie. Er sagte: 'Ich möchte nicht dich gebrauchen. Ich möchte, daß du mich gebrauchst!'"

Doch der Fix-Verlag brachte diese Passage mit dem Hinweis „aus dem Amerikanischen übersetzt von Brigitte Mayer"[378] ganz anders:

„Plötzlich sah ich im Geiste Jesus vor mir knien. Er sagte: 'Ich möchte nicht dich gebrauchen, sondern möchte, daß du mich gebrauchst.'"[379]

Diese gekürzte Vision wurde fast zwei Jahre nach Erscheinen der Erstauflage dem Fix-Verlag dann doch so suspekt, daß er sie in der nachfolgenden Taschenbuchausgabe im Oktober 1975 einfach umschrieb. So folgte nach Betrug Nummer Eins der Betrug Nummer Zwei:

„Plötzlich sah ich im Geiste Jesus vor mir stehen. Er sagte: 'Ich möchte nicht dich gebrauchen, sondern möchte, daß du mich in Anspruch nimmst.'"[380]

Zu dieser Revision verliert der Fix-Verlag einleitend jedoch kein Wort. Im Gegenteil: Auch in der Taschenbuchausgabe heißt es wiederum auf Seite 4: „Aus dem Amerikanischen übersetzt von Brigitte Mayer."[381]

---

[377] Merlin Carothers, *Prison to Praise* (Hodder and Stoughton, 1970), S. 49.

[378] ---. *Ich suchte stets das Abenteuer*, Januar 1974 (Schorndorf: Johannes Fix, 1974), S. 4.

[379] Ebd., S. 45.

[380] ---. Oktober 1975, S. 47.

[381] Ebd., S. 4.

12. T.L. und Daisy Osborn

In seinem Buch „Als Jesus unser Haus besuchte“ erzählt T.L. Osborn eine seiner vielen Jesus-Visionen:

„Am nächsten Morgen, genau um sechs Uhr, erschien der Herr in jenem Zimmer. Ich sah ihn an, wie man irgendeinen Menschen ansieht. Er war wirklich. Er stand da. ... Jesus Christus wurde an jenem Morgen Herr meines Lebens. Er verwandelte mein Leben. Ich wußte, Er war lebendig und Er war Herr. Ich war verwandelt.“[382]

Auch Osborns Frau Daisy bemerkte die Veränderung: „Und als ich ihn ansah, wußte ich, daß ich einen neuen Mann hatte. Etwas war geschehen. Er war verwandelt.“[383]

Darauf äußert T.L.: „Ja, ich war ein neuer Mensch. Jesus war Herr meines Lebens. ... Er war wirklich. Er liebte mich. Er kam zu mir. Ich war wichtig für Ihn. ... Jesus war mir wirklich.“[384]

Daisy berichtet: „Gott hatte zu T.L. gesagt: Wenn du jemals Jesus siehst, wirst du nie wieder derselbe sein. Er hatte Ihn dann in jener Vision gesehen. Jesus erbarmte Sich so sehr, daß Er buchstäblich vor ihm stand.“[385]

Schließlich hatte auch Daisy ihre Jesus-Vision. Zuvor hatte sie „das Gefühl, daß Jesus verpflichtet war, auch etwas zu mir zu sagen, ...“[386]
Was für Daisy als „Heilige Schrift“ gilt, erklärt sie wie folgt: „Es gibt die großen heiligen Bücher des Orients. Konfuzius' Schriften, Buddhas Sprüche, Mohammeds Lehre - und natürlich die Bibel.“[387]

Auf einem „Osborn-Feldzug“ in Indien soll Jesus einem hinduistischen Studenten erschienen sein: „Jesus öffnete Sein [sic!] Hände, und der Student konnte die Wundmale sehen; Er streckte sie ihm entgegen. Und Jesus sagte diese Worte: ‘Siehe meine Hände! Ich bin Jesus!’“[388] T.L. berichtet weiter: „Daisy und ich hatten

---

[382] T.L. und Daisy Osborn, a.a.O., S. 42.

[383] Ebd., S. 43.

[384] Ebd., S. 43-45.

[385] Ebd., S. 60.

[386] Ebd., S. 90.

[387] Ebd., S. 17.

[388] Ebd., S. 125.

das Gefühl, daß wir heute diese Erfahrung mit dir teilen sollten, daß Christus dein Haus besuchen würde, wie Er unseres besucht hat. Ich glaube, Er will das HEUTE tun. Wir sind in der ganzen Welt gewesen und in praktisch jedem Felzug [sic!] ist Christus wenigstens einmal, und manchmal mehrfach, erschienen. An einem Abend in Thailand predigten wir einer großen Menge Buddhisten und über 100 Menschen sahen den Herrn in jener Versammlung. Es begann, als ein alter Rischkafahrer aufsah und den Herrn über der Menschenmenge erblickte. Alarmiert rief er: 'Wer ist der Mann in Weiß?' Und über 100 Menschen sahen in jener Versammlung den Herrn."[389] Weiter heißt es, es wäre „eine überwältigende Erfahrung, wie über 100 Dorfbewohner, die nicht an Jesus glaubten, alle dieselbe Wundererscheinung beschrieben. Mein Freund, dieser Christus will heute zu dir kommen. Wer du auch bist, wo immer du zuhörst oder dies Zeugnis liest, will der Herr zu dir kommen und Sich lebendig erzeigen. Ich glaube, daß, wenn du dich Ihm nahst, Er zu dir kommt."[390]

Schließlich fordert T.L. Osborn von Jesus Christus in einem Gebet: „Herr, komme jetzt und zeige Dich dem Menschen, der zuhört oder dies liest, in einer Weise, daß er WEISS, daß Du wirklich bist. Entweder erscheine ihm oder komme zu ihm durch Dein Wort oder in einem Traum oder in einer Vision oder laß ihn Deine Gegenwart fühlen. In Jesu Namen, komm jetzt. Berühre diesen Menschen jetzt. ... laß HEUTE in diesem Leben ein Wunder geschehen. ... laß in diesem Leben jetzt etwas geschehen. ... komme jetzt und mache Deine Gegenwart wirklich. ... Und jetzt, Herr, ziehe in dieses Heim. ... Beweise Deine Gegenwart. ..."[391]

T.L. Osborn scheint seinem Jesus befehlen zu können, was dieser zu tun habe.

Die ersten Christen dagegen beteten:

„Der Wille des Herrn geschehe!" (Apg 21, 14)

---

[389] Ebd., S. 129.
[390] Ebd., S. 129-130.
[391] Ebd., S. 137-140.

Außerdem wird der Herr Jesus in der Zeit von seiner Himmelfahrt bis zu seiner Wiederkunft von keinem Menschen mehr gesehen werden:

**„Denn ich sage euch: Ihr werdet mich von jetzt an nicht sehen, bis ihr sprecht:
'Gepriesen sei, der da kommt im Namen des Herrn!'"**
(Mt 23, 39)

einen besonderen Auftrag erhalten sollte:

**„Denn dieser ist mir ein auserwähltes Werkzeug, meinen Namen zu tragen
sowohl vor Nationen als Könige und Söhne Israels."**
(Apg 9, 15b)

Der Herr Jesus kommt nicht mehr zwischendurch und schon gar nicht, damit Ungläubige, die ihn optisch wahrnehmen, dann auch an ihn glauben können. Der biblische Glaube kommt anders:

**„Also ist der Glaube aus der Verkündigung,
die Verkündigung aber durch das Wort Christi."** (Röm 10, 17)

13. Oral Roberts

Aus Tulsa im US-Bundesstaat Oklahoma kommt auch der Evangelist Oral Roberts. Dieser will „eine siebenstündige Unterhaltung mit einem 900 Fuß großen Jesus"[392] gehabt haben. Desweiteren sei ihm der Teufel in seinem Haus erschienen und habe mit ihm gekämpft.[393]

---

[392] Dave Hunt, „Der Weg Bileams oder: Kennzeichen eines falschen Propheten", *fest und treu Nr. 73 - Jg. 1996, 1/96* (Bielefeld: CLV, 1996): 7.
Siehe auch: Lewis J. Lord, Julia Reed, Jeffery L. Sheler, „An unholy war in the TV pultits", *U.S. News? World Report, April 6, 1987* (o.O.: o.V., 1987): 65.

[393] Jean Gibson, John Wimber, *Dritte Welle des Heiligen Geistes (München: 15.09.1989)* (Bielefeld: CLV, 1989), Audiokassette, S. 1.

Kurt Koch berichtet, wie man bei einer Diskussion den oben genannten Visionär fragte: „'O. R. [sic!] haben Sie bei Ihrer Fernsehsendung Ihre Zuschauer gebeten, sie möchten während Ihrer Sendung ein Glas Wasser auf das Fernsehgerät stellen?' Oral Roberts antwortete mit 'ja'. 'Haben Sie nach Beendigung der Sendung Ihre Zuschauer gebeten, das Wasser zu ihrer Heilung zu trinken?' O. R. antwortete in Gegenwart von 300 Menschen wieder mit 'ja'. Das war ehrlich. Was sind das für Heilmethoden? Manchmal werden bei solchen Heilungssendungen die Zuschauer auch gebeten, die eine Hand auf das Fernsehgerät zu legen und mit der freien Hand den anderen Zuschauer anzufassen oder im Kreis eine Kette zu bilden."[394]

Koch stellt schließlich den Vergleich auf: „Beim spiritistischen Tischrücken werden auch solche Ketten gebildet, um die mediale Kraft zum Fließen zu bringen."[395]

14. David (Paul) Yonggi Cho

David (Paul) Yonggi Cho, Pastor der zahlenmäßig größten Ortsgemeinde der Welt, der „Yoido Full Gospel Central Church" in Seoul/Korea, berichtet aus seinem Gebetsleben: „Ich schloß meine Zimmertür ab und begann zu beten. 'Jesus', sagte ich, 'ich will mit dir über meine Zukunft reden'. Ich wartete, aber Jesus kam nicht. Dann schloß ich meine Augen fest zu und hoffte, er würde in einer Vision kommen. ... Plötzlich wurde es hell im Zimmer. Wellen wie Rauch rollten herein. Ich war vor Ehrfurcht ergriffen. Ich dachte, daß das Haus in Flammen stände und versuchte, um Hilfe zu rufen. Aber ich brachte keinen Ton heraus. Verzweifelt schaute ich um mich und sah zwei Füße neben mir. Ich schaute hinauf und sah ein weißes Kleid. Dann schaute ich in ein Gesicht, das wie eine starke Sonne war, von der Lichtstrahlen ausgingen. Ich wußte immer noch nicht, wer er war, bis ich die Dornenkrone sah. Sie

---

[394] Kurt Koch, *Heilung und Befreiung. Seelsorgerliche Hilfe für kranke, angefochtene und okkult belastete Menschen*, a.a.O., S. 58.

[395] Ebd.

durchstach seine Schläfen, und Blut lief herunter. Jetzt wußte ich, daß es Jesus Christus war."[396]

Dann soll ihm Jesus mitten in der Nacht als Feuerwehrmann gekleidet erschienen sein.[397]

15. Reinhard Bonnke

Reinhard Bonnke berichtet von einer Erscheinung mit einer anderen Uniform: „Ich sah den Sohn Gottes in voller Rüstung, wie ein General, vor mir stehen."[398] Außerdem habe ihn Jesus Christus persönlich auf einer Autofahrt begleitet: „Plötzlich war Jesus spürbar in meinem alten Auto gegenwärtig. Es war, als wäre mein Mercedes ein feuriger Wagen, der erfüllt war mit der Herrlichkeit und Gegenwart Gottes."[399]

Den Teufel will Bonnke in Afrika sogar auf Krücken um sein Missionszelt humpeln gesehen haben.[400] Diese Vision führte zu folgender vermessenen Aussage: „Ich fürchte mich nicht vor dem Teufel, sondern ich glaube eher, er fürchtet sich vor mir."[401]

Ron Steele schreibt in seiner Bonnke-Biographie „Die Hölle plündern ...": „An einem Abend betete er auch mit einer älteren blinden Frau, die überhaupt keine Augenhöhlen hatte. Dann wandte er sich der nächsten Person neben ihr zu, um mit dieser zu beten. Während er dies tat, hörte er die Blinde leise flüstern: 'Ich sehe, ich sehe.' Er drehte sich wieder zu ihr und fragte: 'Sag mir, was du siehst. Kannst du mich sehen?' Sie antwortete: 'Nein, ich sehe dich nicht. Aber ich sehe ein weißes Kreuz und Jesus dran.' ... Heute ist sie ein feines Gotteskind."[402] Bonnkes Missionswerk „Christus für

---

[396] Paul Yonggi Cho, „Sterbender Buddhist", *wort+geist Nr. 12, Dezember 1973* (Erzhausen: Leuchter, 1973): 13.

[397] Stanley M. Burgess, Gary B. McGee, Patrick H. Alexander, a.a.O., S. 161.

[398] Ron Steele, a.a.O., S. 39.

[399] Ebd., S. 30.

[400] Ebd., S. 86.

[401] Ebd., S. 90.

[402] Ebd., S. 68.

alle Nationen" (CfaN) erklärt zu dieser Biographie: „Dieses Buch wird auch Sie von der ersten bis zur letzten Seite fesseln."[403]

Protest kam aus den Reihen der Charismatiker wegen dieser okkulten Visionen von Hagin, Bonnke, Yonggi Cho und anderen nie auf.

„Denn wenn der, welcher kommt, einen anderen Jesus predigt, den wir nicht gepredigt haben, oder ihr einen anderen Geist empfangt, den ihr nicht empfangen habt, oder ein anderes Evangelium, das ihr nicht angenommen habt, so ertragt ihr das recht gut." (2Kor 11,4)

Es wird auch nicht für möglich gehalten, daß die Visionäre mit ihren Jesus-Erscheinungen vielleicht getäuscht werden könnten.

„Und kein Wunder, denn der Satan selbst nimmt die Gestalt eines Engels des Lichts an; es ist daher nichts Großes, wenn auch seine Diener die Gestalt von Dienern der Gerechtigkeit annehmen; und ihr Ende wird ihren Werken entsprechen." (2Kor 11, 14-15)

16. Benny Hinn

Völlig korrektur- und kritiklos wird auch mit den Äußerungen der Geheilten in den Heilungsgottesdiensten von Benny Hinn, umgegangen. Dort verfährt man zum Beispiel folgendermaßen mit dem Teufel: „Oh, Satan, du bist unter meinen Füßen! Ich zerdrücke Kartoffeln gerade jetzt auf dir!"[404] bekannte ein „Geheilter". Benny Hinn: „Du machst was?"[405] Der Geheilte: „Ich zerdrücke jetzt Kartoffeln auf Satans Grab!"[406] Daraufhin brach der Saal in euphorischen Jubel aus, Orgelmusik setzte ein und Benny Hinn feuerte

[403] Christus für alle Nationen, *Missions-Reportage Nr. 1/86, 20. Januar 1986* (Herrenberg: CfaN, 1986), S. 8.

[404] Benny Hinn, *This Is Your Day* (o.O.: Super Channel, 14.03.1993).

[405] Ebd.

[406] Ebd.

den Chor zu einem Lied an. Nachdem der Geheilte auf der Bühne umhertanzte, sich schüttelte und auf dem Boden wälzte, bemerkte er: „Ich fliege; ich fühle, daß ich fliege. Ich kann niemand anderen sehen um mich herum. Ich sehe ein großes, großes Gesicht von Jesus!“[407] Wieder brach Jubel aus.

In einem anderen Gottesdienst kreischte eine Frau, während sie auf der Bühne mit ihrem Gipsbein auf- und niedertrat: „Ich kann ihn treten, ein Tritt für den Teufel! Ich will ihn treten, will ihn stoppen! Du siehst es! Ich habe es! Ha, ha, haah!“[408]

Bei Bonnkes Feuerkonferenz 1987 in Frankfurt stellte Hinn fest: „Ich sage euch, Leute, Satan hat ein blaues Auge bekommen! Er wird blind!“[409] Einen angeblich Aidsgeheilten forderte er anschließend auf: „Schau ‘mal da unten hin! Stell’ dir ‘mal vor, da unten ist des Teufels Gesicht! Ja, tritt darauf, tritt darauf, tritt darauf, tritt darauf, tritt darauf!“[410]

Ein kurzes Beispiel zu Hinns Heilungsdienst: „Als die 85jährige Ella Peppard aus Oklahoma 1986 auf der Bühne den Heiligen Geist via Benny Hinn zu spüren bekam, brach sie sich das Becken bei einem Sturz. Auf die Frage eines Helfers, ob man nicht einen Krankenwagen rufen sollte, antwortete Hinn: ‘Laßt sie allein. Gott wird sie heilen.’ Einige Tage später starb Ella Peppard an ihrer Verletzung. Hinn einigte sich mit den Hinterbliebenen, die ihn auf fünf Millionen Dollar verklagt hatten.“[411]

Hinn glaubt, daß die Dreieinigkeit neun Personen umfaßt, „weil der Vater, der Sohn und der Heilige Geist jeder seinen eigenen Geist, Seele und Körper hat.“[412] An anderer Stelle lehrte Hinn, „daß der Vater als auch der Heilige Geist Körper haben.“[413]

---

[407] Ebd.

[408] ---. 06.09.1992, Wiederholung: 21.03.1993.

[409] Christus für alle Nationen, *Euro Fire Frankfurt ‘87: Benny Hinn/Befreiungsdienst* (Frankfurt: CfaN, 08.08.1987), Videokassette.

[410] Ebd.

[411] Jens Nordlohne, a.a.O., S. 93.

[412] Randy Frame, a.a.O., S. 44.

[413] Hank Hanegraaff, *Christianity in Crisis:* Benny Hinn bei TBN, 03.10.1991, a.a.O., S. 344.

Er versucht den Heiligen Geist sogar gegen Jesus Christus auszuspielen: „Am Anfang meines Lebens mit Jesus erlebte ich einige wunderbare Begegnungen mit ihm. Aber sie waren nichts im Vergleich zu meinem täglichen Wandel mit dem Heiligen Geist."[414]

Diese Gegenüberstellung ist laut biblischem Zeugnis wohl kaum zulässig:

**„Wenn aber jener, der Geist der Wahrheit, gekommen ist, wird er euch in die ganze Wahrheit leiten;
denn er wird nicht aus sich selbst reden, sondern was er hören wird, wird er reden,
und das Kommende wird er euch verkündigen. Er wird mich verherrlichen,
denn von dem Meinen wird er nehmen und euch verkündigen."** (Joh 16, 13-14)

„... doch nicht mein Wille, sondern der deine geschehe!" (Lk 22, 42)

Im Gegensatz zu dieser vorbildlichen Haltung Jesu gegenüber dem Vater im Himmel warnt Hinn: „Gehe niemals zum Herrn und sage, 'Wenn es dein Wille ist ...' Erlaube nicht, daß solch glaubenszerstörende Worte von deinem Mund gesprochen werden."[415]

Benny Hinn führt desweiteren folgende Spekulation an: „So hielten nicht die Nägel Jesus am Kreuz fest, sondern Jesus hielt mit seinen Händen das Kreuz und die Nägel zusammen. Nicht Maria trug Jesus in ihren Armen, sondern Jesus trug Maria usw."[416]

Okkult wird es, wenn Benny Hinn von seinen geistlichen Vorbildern berichtet: Er hat „die Erlaubnis, die Grabstätten, sowohl von Kathryn Kuhlman, als auch von Aimee Semple McPerson

---

[414] Benny Hinn, *Guten Morgen, Heiliger Geist!*, a.a.O., S. 50.
[415] Hank Hanegraaff, a.a.O., S. 11.
[416] Markus Blum, „Es war Massensuggestion!", *Magazin W5 Nr. 2/94* (o.O.: o.V., 1994): 41.

zu besuchen, um die 'Salbung' von ihren Knochen zu bekommen."[417]

17. Uwe Schäfer

Auch Uwe Schäfer, Pastor der Christlichen Gemeinde Wuppertal, forderte seine Gemeinde auf: „Springe hoch und gebe dem Teufel einen Tritt, mache: Jump, kick, jump, kick, jump, kick ..."[418]

Ergänzend sei hier noch hinzugefügt, daß auch Reinhard Bonnke den Teufel nicht verschonen wollte: „... Und dann werden wir in Afrika den Teufel glattrasieren! Halleluja!"[419]

18. Peter Wenz

Peter Wenz, Pastor der Biblischen Glaubensgemeinde Stuttgart, bekennt: „Ich mag's, wenn Dämonen ausfahren, es ist so ein schönes Geräusch! Halleluja!"[420]

19. Wolfhard Margies

Wolfhard Margies ist Hauptpastor der „Gemeinde auf dem Weg" in Berlin. Dieser wird nicht nur als „einer der Ältesten der Gemeinde in Europa"[421] bezeichnet, sondern es wurde über ihn auch prophezeit, daß er der „Sigmund Freud der Christen"[422] sei. Er meint in der Bibel folgenden Auftrag zu finden: „Wir sollen im Namen Jesu

---

[417] Benny Hinn, *Double Portion Anointing, Part 3, # A031791-3* (Orlando/Florida: Orlando Christian Center, 1991), Audiokassette, S. 1 (Gesendet bei TBN, 07.04.1991).

[418] Uwe Schäfer, *Sonntagmorgengottesdienst* (Wuppertal: Christliche Gemeinde Wuppertal, 16.01.1994).

[419] Christliches Zentrum Berlin, *Reinhard Bonnke, CZB 1507* (Berlin: CZB, o.J.), Audiokassette, S. 1.

[420] Wort des Glaubens, Christliches Zentrum, *Peter Wenz 1, Glaubenskonferenz '91: 25gk9103* (Feldkirchen/München: Wort des Glaubens, 25.07.1991), Audiokassette, S. 2.

[421] Werner Bartl, *Hinter den Kulissen - Teil 1*, a.a.O., S. 13.

[422] Ebd., S. 12.

den Feind zum Tanzen bringen!"[423] Seine Gemeinde fordert er auf: „Laßt uns ... die Schlange zum Tanzen bringen!"[424] und erklärt, dies sei „die Steigerung der Erlösung."[425]

Margies führt folgendes Argument auf, daß sich Christen mit dem Teufel beschäftigen müßten: „Wer nicht weiß, wo der Feind ist, wie er aussieht und welches seine Taktik ist, kann nicht mit Erfolg kämpfen."[426] Hierbei findet sich jedoch keines der drei Punkte (Wo, Wie, Welche) in der Gemeindepraxis des Neuen Testamentes wieder. Weiter heißt es, daß wir „genauesten Aufschluß über unsere beste Strategie und die Taktik des Feindes brauchen."[427] Überdies behauptet Margies, daß uns David in Psalm 101 erklären würde, „daß wir tagtäglich, am besten morgens, die finsteren Kräfte in unserem jeweiligen eigenen Verantwortungsbereich kaltstellen, das heißt zum Schweigen bringen sollen."[428] Auch ist seine Auslegung zu Psalm 18, 34 sehr fragwürdig: „Wenn der Feind uns den Rükken kehrt, also flieht, dann brauchen wir schnelle Füße, um ihm folgen zu können. Deswegen macht er unsere Füße schnell wie die von Hirschen ..."[429]

Der gleiche Margies betete bei der Austeilung des Abendmahls am 24. Mai 1992 respekt- und ehrfurchtslos: „Danke, Herr, daß wir dich verspeisen dürfen!"[430]

20. Hartwig Henkel

Hartwig Henkel, der bis 1995 einer der vier Pastoren der Gemeinde von Margies war, lehrt die „JDS Doctrine"[431]: „Jesus sagte: Ich

---

[423] Wolfhard Margies, *Laß die Schlange für dich tanzen! (07.12.86, Best.-Nr. 742)* (Berlin: Philadelphia-Gemeinde, 1986), Audiokassette, S. 2.

[424] Ebd.

[425] Ebd.

[426] Hartwig Henkel, Wolfhard Margies, *Der Aufstand der Beter*, 1. Auflage, 1992 (Berlin: Aufbruch, 1992), S. 63.

[427] Ebd., S. 92.

[428] Ebd., S. 71.

[429] Ebd., S. 64.

[430] Wolfhard Margies, *Sonntagmorgengottesdienst* (Berlin: Gemeinde auf dem Weg, 24.05.1992).

war tot! Ich hatte das Leben des Teufels in mir!“[432] An anderer Stelle schreibt er, daß „Jesus nach dem Kreuzestod im Geist als Gefangener Satans in dessen Machtbereich war.“[433] „Erst am Kreuz gab sich Jesus freiwillig in die Hand des Teufels.“[434]

Margies und Henkel halten übrigens „das Mittel des geistlichen Kampfes für ein unschätzbar wichtiges Instrument Gottes.“[435] Henkel schreibt, sie sei „ein ganz wichtiger Schlüssel zur Erfahrung unserer Erbschaft“[436] und schließlich ein „ganz bedeutender Meilenstein zur Wiederherstellung der neutestamentlichen, herrlichen Gemeinde.“[437] So stellt er auch die Behauptung auf, „daß alle Macht der Finsternis unter unseren Füßen ist.“[438] und spricht von „unermeßlicher Autorität des Menschen über Satan.“[439] Begründet wird dies mit der Aussage: „Nirgendwo im Neuen Testament wird von der Macht und Überlegenheit des Teufels berichtet, die wir fürchten und defensiv hinnehmen müssen.“[440] Hier scheint Henkel 1Thess 2, 18 zu überlesen:

„Deshalb wollten wir zu euch kommen - ich, Paulus - nicht nur einmal, sondern zweimal, und der Satan hat uns gehindert.“

Den Begriff „ringen“ bei Paulus in Kol 1, 29 und Epaphras in Kol 4, 12 deutet Henkel so, „daß es dabei gegen (Hervorhebung im Original) jemanden geht, die Mächte der Finsternis ...“[441] In Eph 6,

---

[431] Zur „JDS-Doctrine“ („Jesus died spiritually“-Lehre) siehe: D.R. McConnell, a.a.O., S. 146-167.

[432] Hartwig Henkel, *Grundlagen des biblischen Lebensstils: 1. Errettung und die neue Geburt I (V 0030)* (Berlin: Aufbruch, 1992), Videokassette bzw. *1. Errettung und Wiedergeburt (H 01)*, a.a.O., Audiokassette, S. 2.

[433] Hartwig Henkel, Wolfhard Margies, a.a.O., S. 17.

[434] Ebd., S. 18.

[435] Ebd., S. 1.

[436] Ebd., S. 15.

[437] Ebd., S. 34.

[438] Ebd., S. 22.

[439] Ebd., S. 29.

[440] Ebd., S. 23.

[441] Ebd., S. 14.

13 spräche „Paulus von Angriffen unsererseits, die zur völligen Niederlage des Feindes führen sollen.“[442] Damit trägt er seine Lehre der geistlichen Kriegsführung an bestimmte Bibelstellen heran und betreibt damit Empirismus, d. h., er leitet seine Erkenntnisse nur aus der Erfahrung und nicht aus der Bibel ab. Dieses Phänomen findet in diesem Buch auch noch an anderer Stelle Erwähnung.

Schließlich heißt es: „Entschieden wird der Ausgang des Kampfes durch das Gebet von hingegebenen Männern und Frauen Gottes.“[443]

Ähnlich wie Jean Schwab nimmt Henkel für sich und die charismatischen Krieger folgendes in Anspruch: „Nur wenige Jahre Gebetskampf brauchte es, bis ein mehr als europaweiter Zusammenbruch des Kommunismus übernatürlich erreicht wurde.“[444] Schließlich habe der Leib Christi auch die Macht, „das Kommen des Antichristen aufzuhalten.“[445]

Auch Berthold Becker, Leiter der „Fürbitte für Deutschland“ rühmt sich großer Dinge: „So haben wir zum Beispiel bei einer Gebetstagung in Frankfurt 1989 sowohl Honnecker mit seiner Regierung abgesetzt und die Mauer eingerissen als auch Cheaucescu, den Tyrannen Rumäniens im Gebet abgesetzt.“[446]

---

[442] Ebd., S. 27.
[443] Ebd., S. 9.
[444] Ebd., S. 31.
[445] Ebd.
[446] Ebd., S. 109.

Internationales Evangeliums-Zentrum

WENN Charismatiker „geistliche Kriegsführung“ betreiben, dann „entlarven“, „binden“ und „zerstören“ sie den Teufel und seine Werke, wollen ihm „den Mund stopfen“[447], „legen ihn in Ketten“[448] und „schicken ihn in die Hölle“[449].

Derartiges praktiziert man an jedem Freitagabend im Internationalen Evangeliums-Zentrum in Dortmund. Pastorin Esther Kleefeld: „Zerstörung, Zerstörung, Zerstörung, Zerstörung! Teufel, vom Osten, vom Norden, vom Süden, vom Westen, weiche in Jesu Namen, weiche in Jesu Namen, weiche in Jesu Namen, ... Ooouh, das Blut, das Blut, ich rühme das kostbare Blut, ... ich setze die Kraft Gottes frei, gerade jetzt, ... be losed, be losed, be looosed, in Dschisass Nääääim. ... Schimbolo-sseia-laturia. ...“[450] Schließlich geht sie noch einen Schritt weiter und empfiehlt, den Teufel auszulachen: „Sag 'mal: Ha, ha, ha, Teufel!“[451]
Die Aufforderung „Lache Satan aus“[452] macht auch Jerry Savelle mit der Begründung „... der Feind kann dich nicht überwinden.“[453]

---

[447] Ebd., S. 69.

[448] Ebd.

[449] Harold Hill, a.a.O., S. 157.

[450] Esther Kleefeld, *Fürbitteabend* (Dortmund: IEZ, 1993).

[451] Ebd.

[452] Jerry Savelle, *Wenn Satan Deine Freude nicht rauben kann ... kann er nicht zurückhalten, was Dir gehört!*, 3. Auflage, Mai 1993 (Feldkirchen/München: Wort des Glaubens, 1993), S. 68.

[453] Ebd., S. 62.

und „Lachen ist eine machtvolle Waffe gegen die Angriffe des Satans.“[454]

Auch solle ein Christ dem Satan das Wort Gottes vorlesen. Esther Kleefeld: „Schau dem Teufel in die Augen und sage ihm: ‘Teufel, hör’ mir gut zu: Es steht geschrieben ...!’“[455]

An anderer Stelle empfahl sie folgende Kommunikation mit dem Teufel: „Hör’ mal Satan, ist ja gut, daß du da bist, mit all’ deinen Problemen und deinem Kummer, aber ich sage dir: Hier ist die Tür und da mußt du hingehen ... Es steht geschrieben, Satan, höre mir gut zu! ...“[456]

Einleitend mit den Worten „Wir glauben an einen totalen Sieg!“[457] ermuntert sie die Gottesdienstbesucher mit der rhetorischen Frage: „Weißt du eigentlich, wer in dir schlummert?“[458]

In ähnlicher Weise spricht Agnes Sanford von „Fähigkeiten, die in uns schlummern.“[459] Ebenso heißt es Norman Vincent Peale, dem Autor der „Kraft des positiven Denkens“[460]: „Sie müssen sich im Geist die schöpferischen Heilkräfte, die in Ihnen schlummern, vor Augen stellen und im Gebet mit Gott sprechen.“[461]

Auch Selvaraj Rajiah, Pastor und Bibelschulleiter vom „La Parole de Foi Evangélisation Mondiale“ in La Courneuve/Paris,

---

454 Ebd., S. 69.

455 Esther Kleefeld, *Fürbitteabend*, a.a.O.

456 ---. *1. Timotheus 1, 15* (Dortmund: IEZ, 19.09.1990), Audiokassette, S. 2.

457 ---. *Lukas 1, 26-56* (Dortmund: IEZ, 26.12.1989), Audiokassette, S. 1.

458 Ebd., S. 2.

459 Agnes Sanford, „Erfahrungen mit dem Sprachenreden“, *Arnold Bittlinger: ... und sie beten in anderen Sprachen. Charismatische Erneuerung und Glossolalie, Charisma und Kirche, Heft 2*, 4. Auflage, 1979 (Hg. Koordinierungsausschuß für Charismatische Gemeindeerneuerung in der Evangelischen Kirche, 1972), S. 21.

460 Norman Vincent Peale, *Die Kraft des positiven Denkens* (Bergisch Gladbach: Gustav Lübbe, 1992).

461 ---. *Die totale Lebenswende. Die umwandelnde Kraft Jesu Christi im Leben moderner Menschen*, 1. Auflage, 1981 (Asslar: Schulte + Gerth, 1981), S. 121.

gab für die Besucher der zweiten Jahreskonferenz am 28. September 1991 in Dortmund sein Patentrezept bei Anfechtungen preis: „Du sagst zum Teufel: Teufel, hier bin ich! ... ha, ha, ha, ha, Teufel!“[462]

Am Vortag griff Danièle Shalom Rajiah, die inzwischen von Selvaraj geschiedene Ehefrau, auf der Konferenz folgende Masche von John Osteen auf: „Macht den Teufel verrückt! Hebt eure Bibel und schüttelt sie!“[463]

An dieser Stelle sei auf den bereits bei den Jesus-Freaks erwähnten Bibelvers in Judas 9 hingewiesen.

Seinen Umgang mit dem Teufel bringt Franz Kleefeld in folgendem Gebet zum Ausdruck: „ ... wir widerstehen gerade jetzt jeglicher Macht der Finsternis auf dem ganzen Erdball! ...“[464]

Dieser gründete mit seiner Ehefrau Esther nach einer mehrjährigen Missionstätigkeit bis April 1989 in Afrika im September 1989 das Internationale Evangeliums-Zentrum.

Hierfür habe ihnen „der Herr die Vision von 10.000 Menschen“[465] gegeben. In einem Info-Brief von Oktober 1989 hieß es bereits: „Seit ihrer Rückkehr im April diesen Jahres hat der Herr ihre Vision durch viele Zeichen und Wunder bestätigt. Es ist herrlich, wie der Herr, [sic!] Schritt für Schritt diese Vision realisiert.“[466] Am 11. Januar 1990 hieß es in einem Rundbrief: „Für das neue Jahr 1990 hat uns der Herr eine volle Seelenernte verheißen.“[467] Nach den ersten „Gesundschrumpfungen“ der Gemeinde erklärte Kleefeld am 3. Juni 1990: „Und ich halte auch an der Vision von 10.000 hier in Dortmund fest und davon gehe ich nicht ein [sic!] Schritt

---

[462] Internationales Evangeliums-Zentrum, *Selvaraj Rajiah: Wohlstand für Dich* (Dortmund: IEZ, 28.09.1991), Audiokassette, S. 2.

[463] ---. *Danièle Shalom Rajiah: Die Gemeinde und Du (Teil 1)* (Dortmund: IEZ, 27.09.1991), Audiokassette, S. 2.

[464] ---. *Franz Kleefeld: Luk. 9, 37-50, Das Geheimnis: Unser Glauben* (Dortmund: IEZ, 16.09.1990), Audiokassette, S. 2.

[465] Gemeinde des vollen Evangeliums, *Deutschland für Jesus* (Dortmund: IEZ, 1989), S. 3.

[466] Ebd.

[467] Internationales Evangeliums-Zentrum, *Liebe Geschwister und Freunde* (Dortmund: IEZ, 11.01.1990), S. 2.

ab, weil ich weiß, daß er uns den Sieg schon gegeben hat! ... Aber wenn wir selber die Vision nicht haben, wenn wir selber nicht das Gefühl haben, dann wird Gott nichts tun können!"[468] Auch in einem Radio-Interview bekräftigte Kleefeld diese Vision: „Wir glauben an eine Gemeinde von 10.000 Leuten, hier in Dortmund, und die wird kommen!"[469] Über 180 Gottesdienstbesucher im Februar 1992 kam die Gemeinde jedoch nicht hinaus.[470] Vielmehr wendeten sich so viele Gläubige von den Kleefelds ab, daß seit November 1993 nicht mehr als 40 Besucher das Internationale Evangeliums-Zentrum betreten.[471]

Diese Tatsache steht im Gegensatz zu der Prophetie von dem Südafrikaner Francis Botes, der am 21. März 1993 bei den Kleefelds verlauten ließ: „Und wirklich, ich habe einen großen Plan mit euch! Ich habe nur erst begonnen, sagt der Herr. Und ihr erlebt zur Zeit nur die ersten Früchte. Und ihr werdet die Früchte bringen, sagt der Herr. Und hier wird ein Platz sein, wo Wunder häufig passieren werden, sagt der Herr. Da wird die Salbung für wunderbare Dinge sein. Und ich werde euch den Glauben geben, mir voll zu vertrauen für unmögliche Dinge, sagt der Herr. Denn dies sind die Tage, wo ich mich offenbare und zeigen werde, das ich alles tun kann, sagt der Herr. ... Denn dies sind die Tage, wo ich meine Herrlichkeit zeigen werde! ..."[472]

Botes bemerkt übrigens zu dem „Toronto-Phänomen" des Wieherns und Galoppierens wie ein Pferd: „Der Heilige Geist reitet ihn!"[473]

---

[468] ---. *Franz Kleefeld: Pfingsten - Empfang des Heiligen Geistes - Matthäus 3, 11* (Dortmund: IEZ, 03.06.1990), Audiokassette, S. 2.

[469] Julia Tenhaven, *Nachmittagspause: Freikirchen und pfingstlerische Gruppen* (Dortmund: Offener Kanal Dortmund, 1991), Audiokassette, S. 2.

[470] Thorsten Kutschmann, *Lieber Franz* (Bochum: T. K., 30.11.1993), S. 3.

[471] Ebd.

[472] Internationales Evangeliums-Zentrum, *Francis Botes: Die Frau am Brunnen* (Dortmund: IEZ, 21.03.1993), Ausiokassette, S. 2.

[473] Werner Bartl, *Hinter den Kulissen - Teil 2*, a.a.O., S. 14.

Der Absolutheitsanspruch des Internationalen Evangeliums-Zentrums wird neben Äußerungen von dessen Leiter, Franz Kleefeld, wie zum Beispiel: „Ich habe den Geist der Wahrheit!“[474] und „... wer uns angreift, der greift Gott an!“[475] besonders durch seine Art zu predigen deutlich:

„Ich habe den Mut, zu sagen, daß ich keine Gemeinde hier im Umkreis kenne, wo das Wort so klar und so offen gepredigt wird, wie hier in dieser Gemeinde. ... Ich kenne viele, die gehen hier raus durch die Tür und haben nichts vom Worte Gottes mitgenommen; ich werde sie nicht bei [sic!] Namen nennen, aber ich kenne sie. ... Wenn der eine oder andere nicht mehr hier in diese Gemeinde kommt, dann liegt es nicht an Franz und Esther. ... Gott hat etwas gesagt auf Sylvester hier und ich weiß und ich spüre seine Gegenwart und er hat hier etwas Neues angefangen. Für die, die es noch nicht gemerkt habt [sic!] sage ich dir: Dieses Jahr ‘91 wird ein Jahr seiner Frucht, seines Segens in dieser Gemeinde sein. Amen, halleluja und ich glaube daran und ich halte daran fest. ... Gott wirkt. Möchten wir sein Wirken verspüren. Aber wir werden die Grundlage legen für Gottes Wirken in dieser Gemeinde. ... Wunder’ dich nicht, einige werden noch wegbleiben, aber es werden mehr dazukommen. Halleluja, halleluja! ... Und Gott hat mir etwas gesagt und darüber werde ich heute morgen predigen: Die Quelle unserer Kraft. Und das ist kein Geheimnis, aber dennoch ist es ein Geheimnis. Und du kannst dich heute morgen damit intentifizieren [sic!]. Die Quelle ist das Gebet. ... Einige sagen vielleicht: Jetzt predigt er die Predigt vom letzten Sonntag. Aber da möcht’ ich dich korrigieren: Ich wiederhole nicht die Predigt vom letzten Sonntag, sondern das ist eine ganz neue Predigt, die Gott mir gegeben hat für diesen Morgen. Es ist auch nicht die gleiche Bibelstelle.“[476]

Ein halbes Jahr zuvor predigte er: „Und ich glaube, und ich kann mir das anmaßen, daß diese Gemeinde hier in Dortmund eine

---

[474] Internationales Evangeliums-Zentrum, *Franz Kleefeld: Sonntagmorgengottesdienst* (Dortmund: IEZ, 05.12.1993).

[475] ---. *Franz Kleefeld: Luk. 9, 37-50: Das Geheimnis: Unser Glauben*, a.a.O., Audiokassette, S. 2.

[476] ---. *Franz Kleefeld: Die Quelle der Kraft* (Dortmund: IEZ, 27.01.1991), Audiokassette, S. 1.

der wenigen Gemeinden ist, wo der Geist Gottes in dieser Weise arbeitet. Und das sag' ich nicht aus Stolz, sondern aus Demut und vor [sic!] Respekt vor dem Heiligen Geist!"[477]

Aufschlußreich ist zudem der Predigtstil seiner Frau und Mitpastorin, Esther Kleefeld, die vor allem im „Bibelseminar" am Mittwochabend predigt:

„Während ich vorhin so betete, gab Gott mir so dringend aufs Herz, über das Abendmahl etwas zu sagen, und ich glaube, daß es auch mitteilhaftig, sehr wichtig ist, daß wir wissen überhaupt, was das Abendmahl einfach ist, die Bedeutung des Abendmahls, weil es auch beiträgt für die Erweckung, Amen? ... der Geist Gottes wird erneuert und hier siehst du, je mehr du das Brot ißt und Jesu Blut trinkst, je mehr Kraft und Sieg wird offenbar werden in deinem Leben. Ist das nicht wunderbar?"[478]

Neben dieser katholisch-mystischen Lehre verbreitet Esther Kleefeld ferner folgende unbiblische Praxis: „Leg' dir die Hände morgens früh auf, bevor du in die Arbeit gehst und bete dich erst mal richtig frei. Ja, du kannst nicht immer die Ältesten rufen. ... Und oftmals hab' ich das gemacht. Oftmals hab' ich mir selber die Hand aufgelegt und ich hab' gesagt: Jesus, das sind deine Hände und ich segne mich in dem Namen Jesus gerade jetzt! ... Und ich merkte, wie ein Strom, ein Strom durch meinen Körper ging!"[479]

Bei Esther werden zudem, ebenso wie bei Franz Kleefeld, Teile von Bibelversen aus verschiedenen Büchern einfach zusammengepreßt, wie zum Beispiel Franz Kleefelds Mischung aus Römer 1, 16 und Johannes 16, 13:

„Der Geist Gottes gibt unserem Geist Zeugnis und wird unseren Geist in alle Wahrheiten leiten!"[480]

---

[477] ---. *Franz Kleefeld: Frei von Gesetz und Tradition. Markus 7, 1-23* (Dortmund, 17.06.1990), Audiokassette, S. 1.

[478] ---. *Esther Kleefeld: Das Abendmahl* (Dortmund: IEZ, 15.04.1992), Audiokassette, S. 1.

[479] ---. *Esther Kleefeld: 1. Timotheus 1, 15*, a.a.O., S. 2.

[480] ---. *Franz Kleefeld: Er gab uns einen Auftrag. Matthäus 10, 1-17* (Dortmund: IEZ, 19.08.1990), Audiokassette, S. 2.

Außerdem lautet seine Kurzversion von Matthäus 6, 33 und Markus 9, 23:

„Alle Dinge sollen zufallen, dem, der da glaubt!“[481]

Ähnlich äußert sich seine Frau Esther mit ihrer Verbindung von Matthäus 19, 26 mit Markus 9, 23:

„Was unmöglich ist bei Menschen - das Wort Gottes sagt - alle Dinge sind möglich, dem, der da glaubt!“[482]

Oder ihre willkürliche Zusammensetzung aus Hebräer 12, 26 und Joel 3, 1:

„Und er sagt: Noch einmal will ich ausgießen von meinem Geist auf alles Fleisch!“[483]

Hier wird deutlich, daß - wie bei Charles Taze Russell, dem Gründer der Zeugen Jehovas - biblische Aussagen nicht in ihrem heilsgeschichtlichen Fortschreiten betrachtet und ernst genommen, sondern geradezu steinbruchmäßig aus dem Textzusammenhang herausgebrochen und nach eigenen Vorstellungen miteinander kombiniert werden.[484]

Wie die Zeugen Jehovas hüpfen Kleefelds wie ein Pferd von einer Bibelstelle zur anderen, ohne Rücksicht auf den heilsgeschichtlichen Zusammenhang. Zudem werden in den Predigten mehrfach Bibelstellen erwähnt, die überhaupt nicht existieren, wie zum Beispiel folgende Anspielung auf Johannes 15,5:

„Jetzt könnten wir eigentlich das Wort Gottes verstehen, das da sagt: ‘Ohne den Heiligen Geist könnt ihr nichts tun!’“[485] Der Kritik an dieser fiktiven Stelle zum Trotz predigte Franz Kleefeld

---

481 ---. *Franz Kleefeld: Gehorsam Gott gegenüber* (Dortmund: IEZ, 18.11.1990), Audiokassette, S. 1.

482 ---. *Francis Botes: Die Frau am Brunnen*, a.a.O., Audiokassette, S. 1.

483 ---. *Esther Kleefeld: Sonntagmorgengottesdienst* (Dortmund: IEZ, 1991).

484 Lothar Gassmann, *Die Zeugen Jehovas: Geschichte, Lehre, Beurteilung* (Neuhausen/Stuttgart: Hänssler, 1996), S. 38.

485 Internationales Evangeliums-Zentrum, *Franz Kleefeld: Der Heilige Geist macht den Unterschied* (Dortmund: IEZ, 19.05.1991), Audiokassette, S. 2.

weiter: „Die Bibel sagt: 'Ohne den Heiligen Geist könnt ihr nichts tun!'"[486]

Die Kritik des Baptistenpastors J.J. Ross an Russells selbstangemaßten Status als „Pastor" könnte mitunter auch auf Franz Kleefeld zutreffen, der eine achtjährige Volksschulbildung aufweist[487]: „Er hat niemals eine höhere Schule besucht, weiß vergleichsweise nichts über Philosophie, systematische oder historische Theologie und ist ein totaler Ignorant hinsichtlich der alten Sprachen."[488]

Jegliche Kritik an seiner Person, seinen Taten oder Äußerungen wird von Esther Kleefeld jedoch - wie bei Benny Hinn - energisch mit Psalm 105, 15 bedroht: „Und du pass auf: Taste keinen Gesalbten Gottes an, denn dann geht es dir schlecht und du wirst vielleicht noch umkommen!"[489]

Seit Februar 1996 lehren die Kleefelds sogar: „Wer nicht den Zehnten gibt, kommt in die Hölle!"[490]

Die Kleefelds waren von 1985 bis zu ihrer Entlassung 1989 Mitarbeiter von Reinhard Bonnke im westlichen Afrika. Im Frühjahr 1985 war Bonnke von ihnen noch ganz begeistert: „... Dort lernte ich Franz und Esther Kleefeld kennen, die feurigsten, deutschen Missionare, die ich je in Afrika getroffen habe. Sie gehören der Ecclesia-Bewegung an und tun einen ausgezeichneten Dienst für den Herrn."[491]

Kleefelds Tochter Myriam Fernholz (geb. 1968), Lobpreis- und ehemals Jugendleiterin im IEZ, äußert sich zeitweise so vulgär, daß man an die Jesus-Freaks erinnert wird. Am Steuer des Gemein-

---

[486] ---. *Franz Kleefeld: Sonntagmorgengottesdienst* (Dortmund: IEZ, 29.09.1990), Audiokassette, S. 2.

[487] ---. *Franz Kleefeld: Luk. 9, 37-50. Das Geheimnis: Unser Glauben*, a.a.O., Audiokassette, S. 2.

[488] Lothar Gassmann, a.a.O., S. 32.

[489] Internationales Evangeliums-Zentrum, *Esther Kleefeld: Wie lebe ich als Christ?* (Dortmund: IEZ, 26.08.1991), Audiokassette, S. 1.

[490] Nach einer Aussage von IEZ-Besucherin Ruth Treschan (Dortmund) im April 1996.

[491] Reinhard Bonnke, „Meine lieben Missions-Partner", *Missions-Reportage Nr. 3/85, 3. April 1985* (Herrenberg: CfaN, 1985): 2.

debusses sitzend rief sie am 16.01.1993 einem überholenden Autofahrer zu: „Fick dir ins Knie!“[492]

Ebenso wie Franz Kleefeld 1972 die Wüste Sahara mit dem Auto durchquerte, wollte es 1993 auch sein Sohn Joel (geb. 1970) versuchen. Für seine Missionsarbeit in Afrika gründete Joel „The Great Challenge World Evangelism“ (Die große Herausforderung Weltevangelisation). Bei seinem Aussendungsgottesdienst bekannte er mit weinerlicher Stimme: „... Und Gott hat gesagt: Die Fahrt durch die Sahara wird eine Fahrt wie durchs Rote Meer! Das hat Gott mir verheißen! ...“[493]

Die große Herausforderung stellte sich für ihn und seinen ungläubigen Schulkollegen, der ihn begleitete, bereits vor der Wüstenfahrt ein. Er schreibt in seinem Rundbrief: „... denn als wir schon in Süd-Algerien waren, bekamen wir mitgeteilt, daß die Weiterfahrt nur noch unter Einsatz unseres Lebens oder Fahrzeuges weitergehe.“[494] Joel entschloß sich, nach Deutschland umzukehren, um dann mit dem Flugzeug nach Afrika zu gelangen.[495] Die Prophetie erfüllte sich nicht.

---

[492] Nach der Mitschrift des Autors als Mitfahrer auf der Heimfahrt von einer Veranstaltung der Gemeindejugend zum IEZ.

[493] Internationales Evangeliums-Zentrum, *Joel Kleefeld: Aussendungsgottesdienst* (Dortmund: IEZ, 28.02.1993), Audiokassette, S. 1.

[494] Joel Kleefeld, *Liebe Geschwister im Herrn* (Dortmund: The Great Challenge World Evangelism, 08.04.1993), S. 1.

[495] Ebd.

Campus für Christus

DIE charismatische Lehre von der geistlichen Kriegsführung fand auch in dem Missionswerk „Campus für Christus" (CfC) Einzug.

Deren Mitarbeiterinnen Linda Wright und Ney Bailey brachten 1993 in den USA das Buch „Spiritual Warfare and Evangelism", zu deutsch „Geistliche Kriegsführung und Evangelisation", heraus.

CfC in Deutschland schien dieser Buchtitel anscheinend zu kontrovers zu sein, so daß man die Schrift zunächst mit dem „Arbeitstitel"[496] „Geistlicher Sieg und Evangelisation"[497] vorstellte. Schließlich kam das Buch 1994 unter dem Titel „Bindungen lösen" heraus. Dessen Inhalt sowie die Buchbesprechung von CfC lassen aber unweigerlich erkennen, daß es um diese charismatische Sonderlehre geht.

Die CfC-Mitarbeiterin Karin Wenk schreibt: „Die Autorin gibt praktische Anregungen, wie und wann Christen Satan direkt ansprechen sollen."[498]

CfC in Deutschland erscheint dieses Buch als „äußerst wichtig"[499], es „öffnet Augen"[500] und gibt „praktische Hilfen"[501], um „Satan Boden abzuringen."[502]

---

[496] Karin Wenk, „Für Sie gelesen, Buchbesprechung: Linda Raney Wright, Geistlicher Sieg und Evangelisation", *!mpulse für missionarisches Christsein 1/94* (Gießen: Campus für Christus, 1994): 20.

[497] Ebd.

[498] Ebd.

[499] Christa und Rainer Harnisch, „Einführung", *Linda Wright, Ney Bailey: Bindungen lösen. Ein Leitfaden für Seelsorger* (Gießen: Campus für Christus, 1994): 8.

[500] Ebd., S. 7.

Schließlich habe der Christ „die Aufgabe, für den Herrn Satan Boden abzugewinnen."[503] Außerdem könne man „die Tore des Feindes nur erstürmen, wenn man ihm mutig entgegentritt."[504]

Die deutsche Ausgabe enthält überdies noch „Literaturempfehlungen zum Thema"[505] von zum Teil extrem charismatischen Lehrern, wie Peter Dippl, John und Paula Sandford, C.P. Wagner und anderen[506].

Bevor das Buch in Deutschland erschien, veröffentlichte CfC vorab einen Auszug in ihrer Zeitschrift „!mpulse für missionarisches Christsein."

Ney Bailey erzählt hier, wie sie durch ein Buch von F.J. Huegel gelernt hat, „daß es wichtig sei, Satan laut anzusprechen."[507] In der deutschen Buchausgabe wird der Name Huegel dann nicht mehr erwähnt[508].

Weiter plädiert die Autorin für „kämpferisches Gebet"[509]: „Wir haben den Sieg, wenn wir offensiv beten!"[510] Nach der Bibel kann sich dies jedoch nicht in dem Ausdruck niederschlagen, da es heißt:

„Seid besonnen und seid nüchtern zum Gebet!"
(1Petr 4, 7b)

---

[501] Ebd.

[502] Ebd.

[503] Linda Wright, Ney Bailey, *Bindungen lösen. Ein Leitfaden für Seelsorger* (Gießen: Campus für Christus, 1994).

[504] Ebd.

[505] Ebd., S. 64.

[506] Ebd.

[507] Ney Bailey, „Unser täglicher Sieg", *!mpulse für missionarisches Christsein 1/94*, a.a.O., S. 7.

[508] Linda Wright, Ney Bailey, a.a.O., S. 10.

[509] Ney Bailey, a.a.O., S. 8.
Siehe auch: Linda Wright, Ney Bailey, a.a.O., S. 14.

[510] Ebd.

Desweiteren bemerkt sie, „daß wir uns über uns selber ärgern oder über andere Menschen. In Wirklichkeit sollten wir uns über ihn [den Teufel, Anmerkung des Autors] ärgern.“[511]

Hierfür gibt es in der Bibel keine Anweisung. Vielmehr heißt es, wenn Gläubigen Schlechtes widerfährt:

„Das Gute nehmen wir von Gott an, da sollten wir das Böse nicht auch annehmen?“ (Hiob 2,10b)

Ney Bailey ist davon überzeugt, daß Christen die gleiche Autorität haben, wie ein Polizist, der auf der Straße die Autos stoppen kann.[512]

Linda Wright glaubt, „daß der Name ‘Jesus’ die größte Kraft auf Erden ist ... Im geistlichen Kampf kann man geradezu spüren, wie durch den Namen Jesus Kräfte freigesetzt werden.“[513] Diese mystische Sicht, den Namen Jesu wie eine Formel gebrauchen zu können[514], stammt ebenso wie die Lehre der „Autorität des Gläubigen“[515] einschließlich des oben genannten Beispiels mit dem Polizisten[516] von dem Begründer der „Wort des Glaubens-Bewegung“, Kenneth E. Hagin.

Weiter heißt es: „Manchmal bringt Gott uns in Situationen, in denen wir den Feind direkt widerstehen müssen. Die Bibel spricht dann vom ‘Binden’ Satans oder davon, daß wir unsere geistliche Vollmacht gegen ihn einsetzen.“[517] Diese Aussage wird dann aber

---

[511] Ney Bailey, a.a.O., S. 7.
Siehe auch: Linda Wright, Ney Bailey, a.a.O., S. 11.

[512] Ney Bailey, a.a.O., S. 7.
Siehe auch: Linda Wright, Ney Bailey, a.a.O., S. 12.

[513] Linda Wright, Ney Bailey, a.a.O., S. 40-41.

[514] Kenneth E. Hagin, *Biblischer Glaube - ein Studienkurs*, 6. Auflage, neubearbeitete Fassung, Februar 1993 (Feldkirchen/München: Wort des Glaubens, 1986), S. 87.
---. *Der gute Kampf des Glaubens*, 3. Auflage, Juli 1991 (Feldkichen/München: Wort des Glaubens, 1989), S. 63, 69-71, 74-77.

[515] ---. *Die Autorität des Gläubigen*, 5. Auflage, Oktober 1989 (Feldkirchen/München: Wort des Glaubens, 1983), S. 12.

[516] Ebd., S. 9.

[517] Linda Wright, Ney Bailey, a.a.O., S. 42.

nicht von einer Bibelstelle gestützt, obwohl Linda Wright hin und wieder verschiedene Verse anführt. Mit der Aussage „Die Bibel spricht dann vom 'Binden' Satans. ..."[518] kann Linda Wright eigentlich nur Matthäus 16, 19 bzw. 18, 18, meinen. Während sich die erste Stelle lediglich auf Petrus bezieht, wird sie dann an die Jünger gerichtet:

> **„Wahrlich, ich sage euch: Wenn ihr etwas auf der Erde bindet, wird es im Himmel gebunden sein, und wenn ihr etwas auf der Erde löst, wird es im Himmel gelöst sein."** (Mt 18, 18)

Dieses „etwas" kann sich jedoch nicht auf Satan beziehen, da es im Kontext um Zucht und Vergebung in der Gemeinde geht.

Schließlich kommt Linda Wright zu der Aussage: „Unsere Kraft wächst, wenn wir unsere Vollmacht im Namen Jesu kennenlernen und zunehmend gebrauchen."[519]

An keiner Stelle empfiehlt die Bibel, sich in Kommunikation mit dem Teufel zu trainieren oder verheißt, daß dann die Kraft zunähme. Daß es tatsächlich um Kommunikation mit dem Teufel geht, führt die Autorin dann auch anhand von Beispielen aus. So beschreibt sie eine Austreibung eines „Geistes des Würgens"[520] und empfiehlt: „Mächten, die konkret benannt werden können, sollte man mit dementsprechendem Befehl begegnen, so wie uns der Heilige Geist dazu leitet."[521]

Bei der Frage „Soll man den Feind laut ansprechen?"[522] führt Linda Wright dann als Begründung die „Macht des gesprochenen Wortes"[523] auf. Hier bestehen wiederum eindeutige Parallelen zu Kenneth E. Hagin.[524] Die Autorin hat dafür zwei Bibelstellen. Wie Hagin und die Anhänger der Glaubensbewegung nennt sie 1Mose

---

[518] Ebd.

[519] Ebd., S. 45.

[520] Ebd., S. 50.

[521] Ebd., S. 49.

[522] Ebd., S. 50.

[523] Ebd.

[524] Kenneth E. Hagin, *Biblischer Glaube - ein Studienkurs*, a.a.O., S. 65-67, 94, 98-99, 101-106.

1, 3 wo Gott „die Welt durch das gesprochene Wort ins Dasein“[525] rief.

Desweiteren soll folgender Vers ihre Lehre begründen:

„So ist auch die Zunge nur ein kleines Körperglied und rühmt sich großer Dinge. Und wie klein kann ein Feuer sein, das einen großen Wald in Brand steckt.“ (Jak 3, 5)[526]

In diesem Vers ist jedoch eindeutig nur von der negativen Kraft der Zunge die Rede. Sie richtet Schaden an. Diese Stelle als biblische Begründung für das laute Ansprechen des Feindes zu nehmen, ist daher nicht haltbar.

Daß man sich vor der Konfrontation neben dem Berufen auf den Namen Jesu auch „auf sein Blut“[527] berufen soll, läßt sich ebenfalls durch keine Bibelstelle tragen.

Die Wichtigkeit dieser Lehre bringt Linda Wright dann auf einen Punkt:

„Geistlicher Kampf ist wie vorbeugende Medizin oder warme Kleidung im Winter.“[528]

War der Apostel Paulus demnach geistlich nackt, als er den Thessalonichern schreiben mußte:

„Deshalb wollten wir zu euch kommen - ich, Paulus - nicht nur einmal, sondern zweimal, und der Satan hat uns gehindert.“ (1Thess 2, 18)

Wie beurteilt nun CfC selbst die anscheinend von Kenneth E. Hagin übernommenen spiritistischen Lehren ihrer Mitarbeiterinnen Linda Wright und Ney Bailey?

Christa und Rainer Harnisch, CfC-Mitarbeiter aus Müllheim/Baden schreiben in der Einleitung des Buches: „Die Autorinnen vertreten eine ausgewogene, biblisch fundierte Sicht.“[529]

---

[525] Linda Wright, Ney Bailey, a.a.O., S. 50.

[526] Ebd., S. 51.

[527] Ebd.

[528] Ebd., S. 52.

[529] Christa und Rainer Harnisch, a.a.O., S. 7.

Der deutsche CfC-Leiter Duane Conrad geht auf theologische Anfragen an die Irrlehre der geistlichen Kriegsführung nicht ein und scheint eher, wie bei dem charismatischen „Gemeindekongress" in Nürnberg 1993, für einen „Schulterschluß"[530] zwischen Evangelikalen und Charismatikern zu plädieren:

„Im Kriegszustand hat man keine Zeit, Grabenkämpfe zwischen verbündeten Truppen auszutragen."[531]

Weiter schreibt er: „Die theologischen Grabenkämpfe, z. B. zum Thema 'Geistlicher Kampf - Territoriale Mächte' spielen direkt in die Hände des Feindes."[532]

Für Bibelkenner scheint es aber wohl eher umgekehrt zu sein. Irrlehren zerstören, wie Sauerteig, die geistliche Vollmacht:

„Euer Rühmen ist nicht gut. Wißt ihr nicht, daß ein wenig Sauerteig den ganzen Teig durchsäuert? Fegt den alten Sauerteig aus, damit ihr ein neuer Teig seid, wie ihr ja bereits ungesäuert seid!" (1Kor 5, 6-7a)

„Wehe denen, die das Böse gut nennen und das Gute böse; die Finsternis zu Licht machen und Licht zu Finsternis; die Bitteres zu Süßem machen und Süßes zu Bitterem!" (Jes 5, 20)

Nicht das kritiklose Übernehmen von neuen bzw. fremden Lehren ist geboten, sondern das Prüfen:

„Prüft aber alles, das Gute haltet fest! Von aller Art des Bösen haltet euch fern!" (1Thess 5, 21-22)

„Geliebte, glaubt nicht jedem Geist, sondern prüft die Geister, ob sie aus Gott sind! Denn viele falsche Propheten sind in die Welt hinausgegangen." (1Joh 4, 1)

---

530 Wolfgang Bühne, „Der 'Gemeindekongreß '93'", *fest und treu Nr. 65/94, 1. Quartal* (Bielefeld: CLV, 1994): 14.

531 Duane Conrad, „Heiß umkämpft", *!mpulse für missionarisches Christsein 1/94* (Gießen: Campus für Christus, 1994): 3.

532 Ebd.

„... indem ihr prüft, was dem Herrn wohlgefällig ist.“
(Eph 5, 10)

Die „Geistliche Kriegsführung“ scheint für Conrad aber wohl keine Irrlehre zu sein. Im Gegenteil, auch für ihn haben heutige Christen die gleiche Vollmacht und Autorität wie einst die Apostel Jesu (vgl. These 7, Seite 33).

So führt er schließlich folgende Bibelstelle auf:

„Siehe, ich habe euch die Macht gegeben; auf Schlangen und Skorpione zu treten, und über die ganze Kraft des Feindes, und nichts soll euch schaden.“ (Luk 10, 19)[533]

Es bleibt folgendes festzuhalten:

Campus für Christus in Deutschland hat sich niemals - auch nur ansatzweise - gegen die Charismatische Bewegung ausgesprochen. Im Gegenteil:

Anfang 1983 wurde das „Verbot gegen das Zungenreden von Mitarbeitern ihrer weltweiten Leitung aufgehoben. Das Verbot wurde Mitte der 1960er Jahre ausgesprochen, als die Charismatische Bewegung in die Hauptdenominationen eindrang. Einige Beobachter glauben, daß Bill Bright, der Gründer und Präsident von Campus für Christus, von seinem ältesten Sohn beeinflußt wurde, der das Life College, eine pfingstliche Schule in Los Angeles, besucht.“[534]

Und wie nachfolgend dokumentiert wird, werden nicht nur charismatische Lehren ohne Vorbehalte in die eigene Arbeit integriert, sondern auch charismatische Prediger bzw. ihre Arbeit als vorbildlich herausgestellt. So wird in der Campus-Zeitschrift „!mpulse Nr. 1/93“ auf zwei Doppelseiten hintereinander die Ar-

---

[533] Ebd.

[534] John E. Ashbrook, „Mr. Revolutionary and Campus Crusade“, *New Neutralism II - Exposing the Gray of Compromise* (Mentor/Ohio: Here I Stand, 1992) in der Übersetzung von Patrick Tschui, *Der Revolutionär und „Campus für Christus“* (Zürich: Patrick Tschui, 1992), S. 7.

beit des bereits mehrfach erwähnten Walter Heidenreich sowie des Extrem-Charismatikers Jobst Bittner von der „Tübinger Offensiven Stadtmission“ (TOS) vorgestellt. Heidenreich darf dabei in einem Interview sein „ganzheitliches Evangelium“[535], nämlich die Irrlehre des zweifachen Erlösungswerkes Jesu von Sünde und Krankheit, völlig unkommentiert zitiert bekommen.

Für den Empfehlungsbericht über die TOS, die Kathryn Kuhlman als eines der „vollmächtigsten Werkzeuge des heiligen Geistes“[536] lobt, entschuldigt sich Campus mit folgenden Worten: „Wir glauben, die Zeit der gegenseitigen Berührungsängste und Abgrenzungen der Denominationen ist vorbei.“[537]

Die „!mpulse“ enthalten ferner Beilagen aus charismatischen Verlagen wie „Projektion J“[538] und dem „C & P Verlag.“[539]

Diese Feststellungen sind schließlich beispielhaft dafür, wie es zur charismatischen Unterwanderung eines bisher evangelikalen Missionswerkes in Deutschland kommen konnte.

In der Schweiz sieht es mit CfC jedoch noch ganz anders aus:

Für deren Leiter, Hanspeter Nüesch, stellt der selbst unter Charismatikern umstrittene Toronto-Segen „einen der vielen erwecklichen Aufbrüche dar, die momentan weltweit geschenkt werden.“[540] Über seinen Besuch in der Airport-Gemeinde in Toronto/Kanada sagt er: „Was mich am meisten überzeugt hat, war die

---

[535] Birgit Kirchmann, „Interview, Walter Heidenreich: ‘Weil ich von Jesus begeistert bin’“, *!mpulse für missionarisches Christsein 1/93* (Gießen: Campus für Christus, 1993): 7.

[536] Werner Bartl, *Hinter den Kulissen - Teil 1*, a.a.O., S. 44.

[537] Stefan Häuser, „Gemeindeportrait: ‘Jesus live’ an der Neckarbrücke“, *!mpulse für missionarisches Christsein 1/93* (Gießen: Campus für Christus: 1993): 8.

[538] „Impressum“, *!mpulse für missionarisches Christsein 4/94* (Gießen: Campus für Christus, 1994): 2.

---. *3/95* (Gießen: Campus für Christus, 1995): 2.

[539] ---. *1/94* (Gießen: Campus für Christus, 1994): 2.

[540] Kai S. Scheunemann, Andreas Fürbringer, „IM GESPRÄCH: ‘Kommt es zur zweiten Berliner Erklärung, Herr Nüesch?’“, *Gemeindewachstum Nr. 60, Heft 1/95* (Giengen: Arbeitsgemeinschaft für Gemeindeaufbau, 1995): 17.

Ernsthaftigkeit, die heilige Atmosphäre über diesen Versammlungen."[541] Von Schrifttreue ist hier nicht die Rede. Um den Toronto-Segen zu rechtfertigen, führt Nüesch wie alle anderen Befürworter[542] lediglich positive Erfahrungen und Erlebnisse aus der Kirchengeschichte auf[543].

Von einer Mitarbeitertagung der CfC-Mitarbeiter im Jahre 1990 erzählt er: „An der anschließenden Retraite haben wir beim abschließenden Segensgebet erlebt, daß etwa die Hälfte unserer Mitarbeiter, die sich segnen ließen, die Kraft verloren und nicht mehr auf den Beinen stehen konnten."[544] So ist er auch glücklich, zu berichten: „Mein Sohn hat wie viele andere Jugendliche auch das Lachen im Heiligen Geist bekommen."[545], nachdem dieser von einer Jugendfreizeit zurückkam. Nüesch erzählt weiter: „Diese Erfahrung hat ihn wunderbar befreit und verändert."[546]

Abschließend sei bemerkt, daß CfC den abfälligen Gottesbezeichnungen der in diesem Buch erwähnten charismatischen Predi-

---

[541] Ebd., S. 16.

[542] o.O., „INTERVIEW mit Rudi Pinke, dem Leiter des Christlichen Zentrums Frankfurt (Main)", a.a.O., S. 6.

Dr. Heinrich Christian Rust, „Wenn der Geist kommt. Zeichen als Wachmacher Gottes? Zur Bedeutung ungewöhnlicher geistlicher Phänomene", *dran Nr. 9/1994, November* (Witten: Bundes-Verlag, 1994): 17.

o.O., „Freundlich, aber deutlich: Friedrich Aschoff und Gerhard Hörster im dran-Gespräch. Der 'Toronto-Segen'", *dran Nr. 6/1995, Juli* (Witten: Bundes-Verlag, 1995): 16

[543] Hanspeter Nüesch, „Außergewöhnliche körperliche und seelische Erscheinungen. Die Erweckungsgeschichte als Beurteilungshilfe", Campus für Christus, *'Toronto-Segen'*, 3. ergänzte Fassung (Zürich: Campus für Christus, 1995): 1-12.

[544] Kai S. Scheunemann, Andreas Fürbringer, a.a.O., S. 15.

[545] Da das Interview mit Hanspeter Nüesch in „Gemeindewachstum Nr. 60, Heft 1/95" gekürzt erschien, findet sich dieses Zitat in:

Campus für Christus, „Hanspeter Nüesch, Leiter von Campus für Christus Schweiz, befragt von der Zeitschrift 'Gemeindewachstum'", Campus für Christus, *„Toronto-Segen"*, 3. ergänzte Fassung, a.a.O., S. 3.

[546] Ebd.

gern bereits 1969 in nichts nachstand. Damals gab CfC-Mitarbeiter Eddie Waxer das Erfolgsrezept von Bill Brights Methode wieder: „Wir erzählen ihnen, daß Christus der größte Revolutionär war, der jemals gelebt hat, und daß er der Welt größter Rebell war. Dies führt in Wirklichkeit zum Interesse der Jugendlichen. Sie können sich mit dieser Art eines Christus identifizieren.“[547]

Dies mag vielleicht für die heutige Jugend zutreffen, für die Art und Weise der Verkündigung der Apostel mit Sicherheit nicht. Ihnen war diese Anpassung und Redeweisheit eher fremd:

**„Denn Christus hat mich nicht ausgesandt, zu taufen,
sondern das Evangelium zu verkündigen:
nicht in Redeweisheit, damit nicht das Kreuz Christi zunichte gemacht werde.
Denn das Wort vom Kreuz ist denen, die verlorengehen, Torheit;
uns aber, die wir errettet werden, ist es Gottes Kraft.“**
(1Kor 1, 17-18)

**„Und ich, als ich zu euch kam, Brüder, kam nicht, um
euch mit Vortrefflichkeit der Rede oder Weisheit
das Zeugnis Gottes zu verkündigen. ... und meine Rede
und meine Predigt bestand nicht in überredenden
Worten der Weisheit, sondern in Erweisung des Geistes
und der Kraft, damit euer Glaube nicht
auf Menschenweisheit, sondern auf Gottes Kraft beruhe.
... Davon reden wir auch, nicht in Worten,
gelehrt durch menschliche Weisheit, sondern in Worten,
gelehrt durch den Geist,
indem wir Geistliches durch Geistliches deuten.“**
(1Kor 2, 1+4-5+13)

---

[547] John E. Ashbrook, a.a.O., S. 2.

7 Thesen

IM folgenden werden die Lehren und Phänomene der Charismatischen Bewegung den Aussagen der Bibel thesenartig gegenübergestellt.

\- 1 -

Die Charismatische Bewegung versteht sich selbst als endzeitliche Erweckungsbewegung und glaubt in Anspielung auf Joel 3 an eine Geistausgießung, „die an Intensität alles übertrifft, woran sich Menschen in unserer Zeit erinnern können, wenn nicht sogar alles, was in der Geschichte des Christentums bisher zu finden war“[548], daß also „die besten Jahre noch vor uns liegen.“[549]

Hier tritt zum einen das Problem auf, daß Petrus mit den Worten: „... dies ist es, was durch den Propheten Joel gesagt ist“ die Verheißung der Geistausgießung als bereits erfüllt ansieht (Agp 2, 16-21). Zum anderen scheint nach biblischem Befund ein Zeichen für Erweckung eher Demütigung und Buße des Volkes Gottes zu sein, anstatt Selbstbewußtsein und Aufbruchstimmung (2Chr 7, 14). Die weit verbreitete dispensationalistische[550] Ansicht, daß die Bibel nur den endzeitlichen Abfall vom Glauben kennt (2Thess 2,

---

[548] John Wimber, „Vollmächtige Evangelisation: Definitionen und Perspektiven“, C. Peter Wagner, F. Douglas Pennoyer, Hg., *Der Kampf mit satanischen Engeln* (Solingen: Gottfried Bernard, 1993): S. 5.

[549] Ebd., S. 10.

[550] Dispensationalismus: Sichtweise, nach der Gottes Geschichte mit den Menschen in sieben unterschiedlichen „Dispensationen“ (Heilszeiten) verlaufe.

3; 2Tim 3, 1-5), teilt der Autor nicht. Demnach soll ferner die Verheißung aus Joel 3 nur ihre Teilerfüllung in Apg 2 und ihre Enderfüllung noch in einer geistlichen Wiedergeburt des ethnischen Israels finden (Jes 32, 15; Hes 39, 29; Sach 12, 10).[551]

– 2 –

Charismatiker lehren, daß durch Zeichen und Wunder mehr Menschen leichter zum Glauben kämen.[552]

Dies widerspricht Röm 10, 17 sowie der Zurückhaltung Jesu zum Beispiel vor denen, die ihn zum „Brot-König“ machen wollten (Joh 6, 15). Ferner wird durch Luk 16, 31 obige Lehre klar widerlegt.

Die Zeichen in Mk 16, 17-18 waren Zeichen der Apostel (2Kor 12, 12; Hebr 2, 4), die - wie im Alten Testament unter Mose und Elia - eine neue Heilszeit[553] ankündigten und als Bestätigung des Wortes Gottes (Mk 16, 20; Hebr 2, 4), nicht jedoch als spektakuläre Mittel evangelistischer Verkündigung dienten. Das Neue Testament kennt nicht nur apostolische Zeichen und Wunder, sondern verheißt an mehreren Stellen sogenannte „Zeichen und Wunder der Lüge“: 2Thess 2, 9; Mt 24, 24; Mk 13, 22; Offb 13, 14; 16, 14 und 19, 20.

---

[551] Siehe zum Dispensationalsimus sowie insbesondere zur Trennung zwischen Israel und der Gemeinde:
Albertus Pieters und John H. Gerstner, ... *recht (zer)teilen das Wort der Wahrheit. Scofield und die Heilszeiten auf dem Prüfstand*, 1. Auflage, 1994 (Hamburg: Reformatorischer Verlag Beese, 1994).

[552] John Wimber, Kevin Springer, *Vollmächtige Evangelisation. Zeichen und Wunder heute*, 2. Auflage, 1987 (Hochheim: Projektion J, 1985), S. 115, 163, 173.
Siehe auch: Jürgen Neidhart, *„3. Welle“* (o.O.: Jugendhaus Seewis, o.J.), Audiokassette, S. 1.

[553] Dies muß nicht nur dispensationalistisch verstanden werden.

- 3 -

In charismatischen Gottesdiensten wird der Heilige Geist durch direktes Ansprechen eingeladen, herbeigebeten, verehrt und angebetet[554].
Dafür gibt es in der Bibel weder eine Anweisung noch irgendein Beispiel.

Der Heilige Geist ist eine dem Menschen unverfügbare Person (1Kor 12, 11) und keine Kraft, die durch Empfindungen und Wirkungen im körperlich-gefühlsmäßigen Bereich erfahrbar wird, die den Herrn Jesus verherrlicht und nicht selbst verherrlicht wird (Joh 16, 13-14).

- 4 -

Charismatiker lehren, daß man nach der Bekehrung noch die Taufe im Heiligen Geist braucht[555], weil es „das volle Werk des Heiligen Geistes“[556] sei, um ein „wirkungsvoller Zeuge“[557] zu sein und „Gottes Realität in der Fülle des Heiligen Geistes zu erleben“[558] beziehungsweise „den echten Gott kennenzulernen.“[559]

Wenn das so wäre, gäbe es Christen erster und zweiter Klasse.

Der Gläubige hat jedoch unmittelbar an dem Pfingstereignis Anteil, indem er die Gabe des Heiligen Geistes bei der Bekehrung

---

554 Graham Kendrick, „Jesus, dein Licht“, Jugend mit einer Mission, *Dein Reich komme* (Altensteig: JMEM, 1989), Compact-Disc: Titel-Nr. 14.
John Watson, „Friede wie ein Strom“, hänssler music, *Du bist Herr 2. Anbetungslieder. CD 1* (Neuhausen/Stuttgart: Hänssler, 1991), Compact-Disc: Ttel-Nr. 13.

555 Christus für alle Nationen, *Reinhard Bonnke: Die Geistestaufe* (Frankfurt: CfaN, 16.04.1988), Audiokassette, S. 1.

556 Dennis und Rita Bennett, *Der Heilige Geist und Du*, 4. Auflage, Mai 1977 (Erzhausen: Leuchter, 1972), S. 57.

557 Ebd., S. 29.

558 Ebd., S. 36.

559 Christus für alle Nationen, *EHH3: Ray McCauley: 07.07.1989 (Fr., 14 Uhr), Seminar 1: Der Heilige Geist* (Frankfurt: CfaN, 1989), Audiokassette, S. 1.

empfangen hat und dadurch zu dem Leibe Christi getauft worden ist (1Kor 12, 13).

- 5 -

Man brauche das Zungenreden als Zeichen[560] beziehungsweise als Beweis[561] der Geistestaufe „in erster Linie für die persönliche Auferbauung“[562], weil es „besonders hilfreich für die Sündenerkenntnis“[563] und eine „wichtige Hilfsquelle“[564] sei, um „voll Geistes zu sein“[565] sowie als effektivere Form der Fürbitte[566].

---

560 Dennis und Rita Bennett, a.a.O., S. 59.

561 Christus für alle Nationen, *EHH2*, a.a.O., S. 2.

562 Arnold Bittlinger, *... und sie beten in anderen Sprachen. Charismatische Bewegung und Glossolalie. Charisma und Kirche, Heft 2*, 4. Auflage, 1979 (Hochheim: Projektion J, 1972), S. 24.

Hartwig Henkel, Wolfhard Margies, *Der Aufstand der Beter*, a.a.O., S. 24.

Dort schreibt Hartwig Henkel, daß, wenn „wir uns dem Heiligen Geist in uns zuwenden beim Sprachengebet, beginnt der herrliche Strom von Leben, Erfrischung und Kraft zu fließen.“

Kenneth E. Hagin, *Das Sprachengebet*, 4. Auflage, Mai 1989 (Feldkirchen/München: Wort des Glaubens, 1982), S. 20-21.

Dort schreibt Kenneth E. Hagin: „Das Sprachengebet hilft uns, Gott auch für die Erfüllung anderer Dinge zu glauben, denn es baut unseren Glauben auf ... Das Sprachengebet ist ein Weg, um uns frei zu halten von der Verschmutzung durch ungöttliches, vulgäres und profanes Gerede, das uns an unserer Arbeitsstelle oder in der Öffentlichkeit umgibt.“

Ebd., S. 25, 27.

Dort schreibt der gleiche Autor: „Das Sprachengebet erfrischt uns im Geist ... Das Sprachengebet hält deine Zunge in Zaum.“

563 Arnold Bittlinger, a.a.O., S. 12.

564 Dennis und Rita Bennett, a.a.O., S. 66.

Kenneth E. Hagin, *Das Sprachengebet*, a.a.O., S. 19.

Dort schreibt Kenneth E. Hagin:

„In Sprachen zu beten, stimmuliert unseren Glauben und hilft uns, Gott mehr zu vertrauen.“

Paul Toaspern, „Leben in den Gaben des Geistes - Geschenk und Aufgabe - Biblische Aussagen und Gegenwartserfahrungen“,

FUNDAMENTUM, 2. Quartal Heft 2/1982 (Riehen/Basel: FUNDAMENTUM / FETA): 45.

Dort schreibt Paul Toaspern:

„Es besitzt ... auch eine bewahrende Funktion. Das Sprachengebet kann ferner eine Hilfe in der Seelsorge sein; hier treten nicht selten seelsorgerliche Zusammenhänge klarer zutage, manchmal auch in Bildern einer Herzensschau."

565 Dennis und Rita Bennett, a.a.O., S. 66.

566 Siehe dazu folgende acht Beispiele:

1. Arnold Bittlinger, a.a.O., S. 13.
2. Ralph W. Harris, *Wenn der Geist redet ... Glossolalia als Botschaft für Menschen des 20. Jahrhunderts*, 1. Auflage, April 1974 (Erzhausen: Leuchter, 1974), S. 126.
3. Peter Müller, „Mit dem Heiligen Geist leben", *Christliches Zeugnis heute 2/1994*" (Zürich: Campus für Christus, 1994): 16.

Dort schreibt Peter Müller: „'Herr, was braucht dieser Mensch?' Hierbei ist mir die Gebetssprache (Glossolalie) oft eine große Hilfe ..."

4. Kenneth E. Hagin, *Das Sprachengebet*, a.a.O., S. 17-18.

Dort schreibt Kenneth E. Hagin: „Das Sprachengebet hilft uns in unseren Gebeten, nicht selbstsüchtig zu sein ... Auf diesem Weg hilft dir der Heilige Geist, nach Gottes Willen zu beten, so wie du für die Dinge beten sollst."

5. Ebd., S. 22.

Dort schreibt der gleiche Autor:

„Das Sprachengebet ermöglicht es, für Dinge zu beten, an die niemend denkt, oder von denen niemand etwas weiß."

6. Reinhard Bonnke mit George Canty, *Manifestationen. Die Gaben und Kraft des Heiligen Geistes* (Frankfurt: CfaN, 1995), S. 261.

Dort schreibt Reinhard Bonnke: „Sie ist eine Gebetsart, die Nöte und Bedürfnisse ausspricht, die wir auf andere Art nicht ausdrücken können ..."

7. Ebd., S. 262.

Dort schreibt der gleiche Autor: „Sie hilft, dämonische Bedrängnis zu überwinden."

8. Hartwig Henkel, Wolfhard Margies, *Der Aufstand der Beter*, a.a.O., S. 30.

Dort schreibt Hartwig Henkel: „Der eigentliche Kampf wird überwiegend im Sprachengebet geführt."

Laut 1Kor 14, 22 ist das Zungenreden ein Zeichen für die Ungläubigen (Apg 2, 11), als Beweis für die Juden, daß auch die Heiden die Gabe des Heiligen Geistes bekommen (Apg. 10, 45; 11, 18). Gott gebrauchte dieses Zeichen zur Bestätigung der Verkündigung seines Wortes (Mk 16, 20).

Das heutzutage in der Pfingst- und Charismatischen Bewegung praktizierte Zungenreden ist oft ein psychologisch und gruppendynamisch erklärbares Phänomen, welches mit dem Heiligen Geist recht wenig, in bestimmten Fällen aber mit Dämonen zu tun hat[567].

Ebenso erklärbar sind die charismatischen Visionen, Eindrükke, geistigen Bilder, Hitze, Fühlen einer Kraft, Kribbeln, Zittern, Hüpfen, Hinstürzen (Ruhen im Geist), das sogenannte Heilige Lachen, Heilige Tanzen, Rennen im Geist, Tierstimmen, Festkleben und anderes.[568]

- 6 -

Die Glaubensbewegung lehrt, daß man als Christ nicht arm, krank oder erfolglos sein dürfe und man brauche auch nicht zu leiden[569].

---

[567] Der Autor verfügt über Tonbeispiele, die das Zungenreden dämonischen Ursprungs in charismatischen Gottesdiensten dokumentieren.

[568] Vgl. Don Basham, „Wogegen wir kämpfen - Eigenschaften von Dämonen", *Befreie uns vom Bösen*, 3. Auflage, 1989 (Metzingen: Ernst Franz, 1983): S. 128.

Dort schreibt Don Basham: „'Kannst du dir vorstellen, daß ich tatsächlich *spürte* (Hervorhebung im Original), daß etwas geschah?' fragte ich Alice, als ich ihr von meinem Erlebnis mit dem Dämon des Okkulten berichtete ... 'Schreie, Zittern, Zuckungen, Krämpfe, Weinen, hysterisches Lachen, Sich-Winden und Krümmen, Ohnmacht, Seufzen, Stöhnen, Erstickungsanfälle, Würgen wie bei Erbrechen, tatsächliches Erbrechen.'"

[569] Kenneth E. Hagin, *Müssen Christen leiden?*, 2. Auflage, Oktober 1986 (Feldkirchen/München: Wort des Glaubens, 1986), S. 5-6.

---. *Erlöst von Armut, Krankheit und Tod*, 2. Auflage, Juni 1989 (Feldkirchen/München: Wort des Glaubens, 1987), S. 5-6, 9, 20.

Dieses egoistische Wohlstandsevangelium steht im krassen Gegensatz zu dem Lebensstil der Apostel (2Kor 11, 13-30; 1Tim 5, 23; 2Tim 4, 20; 1Petr 2, 19-21; 3, 14+17; 4, 13-16).

- 7 -

Viele Charismatiker lehren: „Jesus hat seiner Gemeinde die Autorität gegeben, den Feind zu binden."[570] Von daher entlarven sie ihn, lassen ihn für sich tanzen, binden ihn, legen ihn in Ketten, stopfen ihm den Mund, lachen ihn aus, zerstören ihn und schicken ihn in die Hölle[571] .

Dies widerspricht ebenfalls der biblischen Praxis (2Kor 12, 7; Jud 9).

John Wimber, der zugibt, von den Büchern William Branhams beeinflußt zu sein[572], nimmt an: „Durch den Heiligen Geist, der in uns wohnt, empfangen wir die Vollmacht Christi, die die Vollmacht des Vaters ist."[573] Es geht dabei nicht nur um Verkündigung, sondern auch um „Demonstration des Reiches Gottes"[574], das heißt „einer Demonstration der Kraft Gottes durch Werke der Kraft."[575]

---

570 Hartwig Henkel, Wolfhard Margies, a.a.O., S. 5.

571 Siehe Fußnoten 260-261 und 284-286.

572 John Wimber, „Vollmächtige Evangelisation: Definitionen und Perspektiven", a.a.O., S. 15.

573 Ebd., S. 22.

574 Ebd.

575 Ebd., S. 28-29.

Moderne Evangelikale

DASS unbiblische Gottesbilder, die sich in Beschreibungen und Bezeichnungen äußern, kein Phänomen in der Pfingst- und Charismatischen Bewegung allein sind, soll in diesem Kapitel behandelt werden. Vielleicht kann man von „modernen Evangelikalen" sprechen, bei denen Charismatiker und solche, die dieser Bewegung zumindest neutral gegenüberstehen, ein Gottesbild verkündigen, das kirchengeschichtlich seinesgleichen sucht. Ob es legitim ist, dies lediglich mit der Begründung einer Zeitgeistererscheinung abzutun, kann aus Platzgründen hier nicht untersucht werden. Tatsache ist, daß das „moderne" Gottesbild im Vergleich zu herkömmlichen, also konservativen oder auch reformatorischen Richtungen irgendwie auffällig ist. Dies sollen die nachfolgenden Beispiele dokumentieren:

Ulrich Eggers

Ulrich Eggers, der sich „gerne und von Herzen einen Evangelikalen nennen"[576] läßt, fordert den Leser in der Jugendzeitschrift „dran" indirekt auf „mit vollem Ernst und in direkter Anrede"[577] mit dem Heiligen Geist zu kommunizieren. Wir würden „wie Schwarz-Weiß-Seher von der Farbe reden, wenn wir das versäumen."[578]

In seiner Zeitschrift „AUFATMEN" findet sich schließlich folgendes mystisch-schwärmerische „Gebet beim Kaffeetrinken":

---

[576] Ulrich Eggers, „intern", *dran Nr. 5/1994, Juni* (Witten: Bundes-Verlag, 1994): 3.

[577] Ebd.

[578] Ebd.

„Irgendwie, Jesus, mag ich es sehr gerne, mit einer Tasse Kaffee in meinen Händen zu beten. Ich glaube, daß die Wärme der Tasse mich tröstet und zu mir darüber spricht, wie warm deine Liebe ist. Ich halte die Kaffeetasse an meine Wange und höre behutsam und still. Ich puste auf den Kaffee und trinke. Oh, heiliger Geist, blase über mein kleines Leben und laß mich aus deinem großen Leben trinken. Amen."[579]

Christian A. Schwarz

Dieses Magazin, indem viel von Selbstannahme, -liebe und -bestätigung die Rede ist[580], enthält passend dazu eine Anzeige[581] und eine positive Buchbesprechung[582] zu der „Anleitung für christliche Lebenskünstler" von Christian A. Schwarz. Er vertritt eine gemäßigt historisch-kritische[583] Theologie.

In diesem Buch beschreibt Schwarz „zwölf Wege, wie wir Christen lernen können, unsere eigene Erlebnis- und Genußfähigkeit zu steigern."[584] Nach eigenen Worten geht es ihm „schwerpunktmäßig um ... die in christlichen Kreisen so selten gelehrte Kunst, wie man mit sich selbst Freundschaft schließen

---

579 Richard Foster, „Gottes Liebeslied hören. Warum Gebet so viel mit dem Herzen Gottes zu tun hat. Folge 1 einer Gebets-Serie mit Richard Foster", *AUFATMEN. Gott begegnen - Authentisch leben Nr. 1/96*, a.a.O., S. 52.

580 Vgl.

581 C & P Verlags-GmbH, „Anzeige: Christian A. Schwarz im c & P Verlag", *AUFATMEN. Gott begegnen - Authentisch leben Nr. 1/96*, a.a.O., S. 22.

582 Ulrich Eggers, „Buch-& CD-Rezensionen: Christian A. Schwarz; Anleitung für christliche Lebenskünstler", *AUFATMEN. Gott begegnen - Authentisch leben Nr. 1/96*, a.a.O., S. 85.

583 D. H., Albert Jansen, „ZEIT-AKTUELL. Evangelikale Brückenbauer - wohin? C.A. Schwarz: 'Die dritte Reformation - Paradigmenwechsel in der Kirche' - Eine Stellungnahme zu seiner Veröffentlichung", *ZEIT-Ruf Nr. 2/1995, 6. Jahrgang/2. Quartal* (Wuppertal: D. Jansen, Edition, 1995): 7.

584 C & P Verlags-GmbH, a.a.O., S. 22.

kann."[585] Er lädt dabei den Leser ein, sein eigenes Leben „immer hemmungsloser, immer draufgängerischer, immer leidenschaftlicher zu genießen ..."[586] Außerdem plädiert er für die „Kunst des Faulenzens"[587].

Dies steht im krassen Gegensatz zu den Attributen Jesu sowie der Apostel Paulus und Petrus, wenn diese sagen, daß wir als Christen nüchtern[588], bescheiden[589], begnügsam[590], mäßig[591], sittig[592] und fleißig[593] sein sollen.

Auch im Alten Testament wird vom Faulenzen gesprochen, aber keinesfalls als erstrebenswerte Kunst:

> **„Bis wann, du Fauler, willst du noch liegen? Wann willst du aufstehen von deinem Schlaf?"** (Spr 6, 9)

Wie ist dies möglich? Beim Lesen des oben genannten Buches sowie bei seiner „gemeindekybernetischen Strategie"[594] wird erkennbar, daß die Bibel nicht der Ausgangspunkt der Denkmodelle von Christian A. Schwarz ist. Man gewinnt eher den Anschein, daß er sie zur Überprüfung der Legitimität seiner empirischen Thesen mißbraucht. Das von Schwarz gegründete Ökumenische Gemeinde-

---

585 Christian A. Schwarz, *Anleitung für christliche Lebenskünstler* (Emmelsbüll: C & P, 1995), S. 9.

586 Ebd., S. 13.

587 Ebd., S. 107.

588 1Kor 15, 34; 1Thess 5, 6; 1Thess 5, 8; 1Tim 3, 2; 1Tim 3, 11; 2Tim 2, 26; 2Tim 4, 5; Tit 2, 2; 1Petr 1, 13; 1Petr 4, 7; 1Petr 5,8.

589 1Tim 2, 9.

590 Lk 3, 14; Phil 4, 11; Hebr 13, 5.

591 Röm 12, 3; 2Kor 5, 13; 1Tim 3, 2; 1Petr 4, 8 (Alle Stellen nach Luther '84).

592 1Tim 2, 9; 1Tim 2, 15; 1Tim 3, 2; Tit 2, 5 (Letzte Stelle nach Luther '84).

593 Röm 12, 8; Röm 12, 11; 2Kor 7, 11; 2Kor 7, 12; 2Kor 8, 7; 2Kor 8,8; 2Tim 1, 17; Hebr 4, 11; Hebr 6, 11; 2Petr 1, 5; Jud 3.
Nach Luther '84: Mt 2, 8; Lk 1, 3; Lk 15, 8; Apg 18, 26; Apg 22, 3; Röm 12, 17; 1Kor 14, 1; 1Kor 14, 12; 1Kor 14, 39; 2Kor 5, 9; Gal 2, 10; Eph 4, 3; Tit 2, 14; Hebr 13, 18; 2Petr 1, 10; Offb 3, 19.

594 o.O., „IMPRESSUM", *Kirche für morgen 4/94*, a.a.O., S. 23.

Institut ist Herausgeber der Zeitschrift „Kirche für morgen“[595]. In ihr finden sich unter anderem folgende „kreative Einstiege für Ihren Hauskreisabend“[596]: „Was halten Sie von ein paar Atemübungen zu Beginn des Hauskreises? Langsam ein- und ausatmen. Tief oder flach und hastig Atemholen. Die Luft anhalten ... Man muß das Rad ja nicht neu erfinden. Es gibt einen hervorragenden Text über das Vaterunser (2)[597]; jemand betet das Gebet, und Gott hakt an einzelnen Stellen nach. Zum Beispiel: Beter: ‘Vater unser!’ Gott: ‘Ja, bitte!’ Beter: ‘Stör mich nicht, ich bete ...’ Natürlich empfiehlt es sich, den Überraschungseffekt einzubauen. Beginnen Sie den Hauskreis mit dem Vaterunser und lassen Sie jemand aus einem Versteck Gott lesen.“[598] Kreativität wird mittlerweile besonders

---

[595] Die seit 1980 zunächst unter dem Namen „Gemeindewachstum. Zeitschrift für Pfarrer und Mitarbeiter in Kirchengemeinden“ erscheinende Quartalsschrift wurde seinerzeit von folgenden Gruppen verantwortet: Gemeindewachstum. Arbeitskreis für Gemeindeaufbau in Deutschland e.V., Institut für missionarischen Gemeindeaufbau, Evangelisches Studienkolleg für Gemeindewachstum in Deutschland e.V., Gemeindewachstum Schweiz. Ab 1985 wurde sie mit dem Untertitel „Zeitschrift für Pfarrer und engagierte Gemeindeglieder“ von der „Arbeitsgemeinschaft für Gemeindeaufbau e.V. (AGGA) herausgegeben. Christian A. Schwarz übernahm in diesem Jahr die Redaktionsleitung. Als die Zeitschrift 1992 in „Gemeindewachstum Plus. Praxismagazin für den Gemeindeaufbau“ umbenannt wurde, erhielt sie mit „Kirche für morgen“ eine Heftbeilage. Dieser sogenannte „Baustein der gemeindekybernetischen Strategie“ wird vom „Ökumenischen Gemeinde-Institut“ herausgegeben und hat als Redaktionsleiter Kai S. Scheunemann.

[596] Frank Fischer, „Beten anders: 10 kreative Einstiege für Ihren Hauskreisabend“, *Kirche für morgen 2/95* (Emmelsbüll: Ökumenisches Gemeinde-Institut, 1995): 18.

[597] Hinweis von Frank Fischer auf:
Wolfgang Heiner (Hg.), „Unterbrich mich nicht, Herr, ich bete!“, *Praxisbuch Anspiele. Band 2. So wird's gemacht! Verkündigungsspiele, Krippenspiele, Anspiele zu biblischen Texten, für evangelistische Veranstaltungen, für festliche Anlässe, Sprechmotetten* (Neuhausen/Stuttgart: Hänssler, 1991).

[598] Frank Fischer, „Beten anders: 10 kreative Einstiege für Ihren Hauskreisabend“, a.a.O.

groß geschrieben, auch wenn man sich dabei nicht mehr an biblische Leitbilder hält und eine respekt- und ehrfurchtsvolle Gotteshaltung durch Showeinlagen untergräbt. Kreativ sollen jedoch nicht nur die Programme sein, sondern auch deren Namen, wie zum Beispiel bei der „E-fun-gelisation“[599], den „missionar(r)ischen Aktionen“[600] und den „Bibel Muppets“[601] .

Ähnlich wie Schwarz äußert sich auch Hajo Klösel, Pastor des charismatischen „Christus Centrum Ruhrgebiet“ (CCR): „‘Und plötzlich erlebte ich wieder, daß Christsein Bock macht, daß Erlösung luststeigernd ist’ sagt Klösel mit langgezogenen Vokalen.“[602]

In seinem Artikel „Nachfolge zum Aufatmen“ macht sich Schwarz insgesamt fünfmal mit den Worten „Gepriesen sei der Schmerz!“[603] über evangelikale Lebensweisen lustig. Sattdessen plädiert er für „ein regelrechtes Feuerwerk der Gefühle“[604].

---

[599] Arno Backhaus, *E-fun-gelisation. Kreativ-missionarisches Überlebenstraining im Dschungel der Fußgängerzonen und anderswo* (Aßlar: Schulte + Gerth, 1995).

[600] Arbeitskreis CC, AG Musik in Bayern, CVJM Gesamtverband in Deutschland, Deutscher EC-Verband, e.r.f. junge Welle, Missionswerk Neues Leben, Künstlervereinigung DAS RAD, *Creativ-Congress ‘97 … und dir geht ein Licht auf (Anmeldeprospekt)* (Altenkirchen: Creativ Congress ‘97), S. 4.

[601] Hans Theo Mislisch, *Kids News (Prospektblatt)* (Bad Gandersheim: Ecclesia Equipment, 1996), S. 1:

„Bibel Muppets: Nach einem dreiviertel Jahr Recherchen können wir nun endlich unsere neuste Errungenschaft vorstellen. Handspielpuppen ‘MUPPETS’ wie man sie aus der gleichnamigen Kindersendung kennt, mit biblischen Charaktern. Z. B. Jesus, König und Königin, Prophet, Jünger, Magd, Hirte. Ebenfalls neu im Programm sind der ROCK-GITARRIST mit Gitarre und Sonnenbrille, sowie weiße und Afro (schwarze) Familienmitglieder.

[602] o.O., „Eine ‘luststeigernde Gemeinde’ - ein starkes Stück!“, *Kirche für morgen 1/94*, a.a.O., S. 8.

[603] Christian A. Schwarz, „Nachfolge zum Aufatmen. Ein Plädoyer gegen fromme Selbst-Quälerei“, *AUFATMEN. Gott begegnen - Authentisch leben Nr. 1/96*, a.a.O., S. 59-60.

[604] Ebd., S. 61.

„Wenn jemand mir nachfolgen will, verleugne er sich selbst und nehme sein Kreuz auf sich und folge mir nach! Denn wer sein Leben retten will, wird es verlieren; wer aber sein Leben verliert um meinetwillen, wird es finden.“ (Mt 16, 24-25)

Schwarz bekennt sich „eindeutig zur historisch-kritischen Bibelforschung“[605] und lehnt „ein fundamentalistisches Bibelverständnis im Sinne der Verbalinspiration“[606] sowie „die Lehre von der Erbsünde“[607] konsequent ab. In seinem Buch „Die Dritte Reformation - Paradigmenwechsel in der Kirche“ „erklärt er alle für unbiblisch, die Gott an den Anfang und in die Mitte setzen“[608] und schreibt: „Gottes Selbstkundgabe ist der Akt, durch den Gott aus seiner verschlossenen Selbstherrlichkeit und Selbstgenügsamkeit heraustritt, indem er aus dem Fürsichseienden zum Fürunsseienden wird.“[609]

Dieses Denkmuster, Gott negative menschliche Eigenschaften zu unterstellen, geht in die gleiche blasphemische Richtung wie die hier behandelten biblisch unhaltbaren Äußerungen der Jesus-Freaks.

Über Andersdenkende urteilt Schwarz in seinem „Lebenskünstler-Buch“ abfällig: „Ich will Dir gerne meine eigene Analyse verraten. Ich halte diesen Mann - jedenfalls in dem von mir erwähnten Bereich seines Lebens - schlicht für bescheuert.“[610]

Der Artikel ist, von Christian A. Schwarz leicht verändert, den Seiten 14, 23-27, 34-35 und 37-39 aus seinem Buch „Anleitung für christliche Lebenskünstler“ entnommen.

605 D. H., Albert Jansen, a.a.O., S. 7.

606 Ebd.

607 Ebd.

608 Ebd.

609 Ebd.

610 Christian A. Schwarz, *Anleitung für christliche Lebenskünstler*, a.a.O., S. 32.

Übernimmt jemand die moderne Denkweise sowie die ökumenische „Sowohl-als-auch-Theologie"[611] von Schwarz, könnte ihm die Warnung des Apostels Petrus gelten,

„nicht mitfortgerissen zu werden und aus seiner eigenen Festigkeit zu fallen." (2Petr 3, 17)

Martin Bühlmann, der Leiter der charismatischen „Basileia Bern" wird von Schwarz als „Prototyp des Gemeindebauers"[612] hingestellt. Bühlmann denkt über die Phänomene des Toronto-Segens: „Es scheint außerdem, daß die Manifestationen gelegentlich bei Menschen auftreten, die in keiner persönlichen Beziehung zu Jesus Christus stehen. ... Der Geist Gottes soll auf alles Fleisch fallen, was für uns soviel bedeutet, wie auf alle Menschen. Es besteht nicht notwendigerweise eine Voraussetzung des Glaubens."[613]

In einem Interview zum Thema Lobpreis- und Anbetungsmusik äußert Bühlmann prophetisch: „Der Rock 'n' Roll hat der Welt eine Sprache gegeben, die alle verstehen. Gott wird diese Sprache nehmen, um den Völkern das Heil zu vermitteln."[614]

In dem gleichen Interview macht Kevin Prosch, Vineyard-Anbetungsleiter aus Anaheim/USA, folgende Feststellung: „Ich habe gemerkt, daß bestimmte Wirkungen des Heiligen Geistes nur eintreten, wenn ich mit dem Schlagzeuger zusammen spiele, also nicht singe. ... In England erleben wir immer wieder, daß in dem Moment, wo wir anfangen zu spielen, Menschen aufschreien, weil sie von Dämonen befreit werden. ... Bestimmte Noten und Harmonien bringen den Geist Gottes in Bewegung."[615]

---

[611] D. H., Albert Jansen, a.a.O., S. 8.

[612] Ebd.

[613] Martin Bühlmann, „Mehr von dir - Heiliger Geist!", *ufgstellt. Monatlich erscheinende Zeitung der Basileia Bern. 9. Jahrgang, Nr. 10, Oktober 1994* (Bern: Basileia Bern, 1994): 14.

[614] Geistliche Gemeinde-Erneuerung, „Anbetung. Harmonien, die Herzen öffnen ... und den Geist Gottes in Bewegung bringen", *Gemeinde-Erneuerung Nr. 47, April-Juni 1/93. Zeitschrift der Geistlichen Gemeinde-Erneuerung in der Ev. Kirche* (Hamburg: Arbeitskreis für Gestliche Gemeinde-Erneuerung in der Ev. Kirche (GGE), 1993): 13.

[615] Ebd.

„AUTATMEN" mit dem modernen Gott

Auch die moderne „Kuschelstunden mit meinem Papa im Himmel!"[616] -Theologie kommt in „AUFATMEN" besonders zur Geltung, wenn zum Beispiel Marion Warrington über Gott und sich selbst äußert: „Wir zwei zusammen können ein starkes Team sein!"[617]

Oder wenn Richard Foster schreibt, daß Gott „uns in das Eßzimmer seiner Kraft lädt, wo wir nach Herzenslust schlemmen können."[618]

Dem folgt die Einladung zur Passivität:

„Für diese Einladung Gottes ist es nicht wichtig, ob wir noch an Gebet glauben oder nicht. Es ist egal, ob unsere Gebete hart und spröde geworden sind. Es macht nichts aus, wenn wir kaum noch glauben können oder zerzaust und zerbrochen sind von den Härten und Lasten des Lebens. Gottes Arme sind weit ausgestreckt."[619]

Ohne Glauben aber ist es unmöglich, ihm wohlzugefallen." (Hebr 11, 6a)

Volkhard Spitzer, Ex-Pastor des Christlichen Zentrums Berlin, fiel zum Glauben folgendes ein: „Wir erklären oft, daß wir an Gott glauben. Viel bedeutender ist, daß Gott an uns glaubt."[620]

---

[616] Ein Begriff, der von Hans Mührmann, Pastor der „Gemeinde unterwegs" in Bochum und Vorsitzender des Freikirchlich Evangelischen Gemeindewerks in Deutschland, geprägt und lediglich mündlich überliefert wurde.

[617] Marion Warrington, „Kraftspender. Woher kommt die Energie?", *AUFATMEN. Gott begegnen - Authentisch leben Nr. 1/96*, a.a.O., S. 43.

[618] Richard Foster, „Gottes Liebeslied hören. Warum Gebet so viel mit dem Herzen Gottes zu tun hat. Folge 1 einer Gebets-Serie mit Richard Foster", a.a.O., S. 53.

[619] Ebd.

[620] Volkhard Spitzer, *CZB-Impuls 1, 1983* (Berlin: Christliches Zentrum Berlin, 1983): 10.

Und Kenneth E. Hagin fragt: „Haben Sie eigentlich schon einmal darüber nachgedacht, daß Sie Glauben an Ihren eigenen Glauben haben könnten!“[621]

Moderne Evangelikale, wie zum Beispiel der „Neues Buch Verlag“, lenken - wie die pfingstlich-charismatischen Prediger in dem Kapitel „Selbstdarstellungen“ - die Aufmerksamkeit weg von den Maßstäben Gottes hin zu den Bedürfnissen des Menschen:

„Seligpreisungen eines alten Mannes:

Selig, die Verständnis zeigen für meinen stolpernden Fuß und meine lahmende Hand. Selig, die mit freundlichem Lachen verweilen, um mit mir zu plaudern. Selig, die niemals sagen: ‘Diese Geschichte haben Sie mir heute schon zweimal erzählt.’“[622]

Gott, der gerne als Kumpel gesehen wird, muß für allerlei Vergnügungen, die einem Spaß machen, herhalten:

„Am Geburtstag:

Heut’ tanz ich aus der Reihe. Heut’ schmück ich mich. Heut’ feier ich. Und ich freu’ mich auf alle, die’s mit mir teilen wollen. Denn heute vor ein paar Jahren, da verfügte Gott - warum auch immer - daß jemand wie ich auf der Welt sein sollte. Dafür möcht’ ich gern ein Tänzchen mit ihm wagen.“[623]

Ferner wird im „Neues Buch Verlag“ dem Planeten Erde ein Lied gewidmet:

„Lied für die Erde:

Laßt uns singen für die Erde, daß sie nicht nur durch Gift oder Waffen frevelntlich und blind vernichtet werde. Du, o Gott, hast sie geschaffen! Laßt uns bitten, daß die Erde, die du uns zur Pflege hast gegeben, unsere Kinder noch erfreuen werde. Jesus ließ für sie

---

[621] Kenneth E. Hagin, *Have Faith in Your Faith* (Tulsa/Oklahoma: Rhema Bible Church, 1980), S. 4-5.

[622] o.O., „Seligpreisungen eines alten Mannes“, *Prospekt vom Neues Buch Verlag* (Nidderau/Ostheim: Neues Buch, Oktober 1996): 4.

[623] Stephan Krebs, „Am Geburtstag“, *Prospekt vom Neues Buch Verlag*, a.a.O., S. 4.

sein Leben! ... Laßt uns kämpfen für die Erde, ... Laßt uns tanzen auf der Erde ..."[624]

Jesus Christus hat jedoch sein Leben nicht für die Erde gegeben, sondern für die, die Gott „ihm gegeben hat", nämlich die Erwählten:

> **„Dies redete Jesus und hob seine Augen auf zum Himmel und sprach: Vater, die Stunde ist gekommen; verherrliche deinen Sohn, damit der Sohn dich verherrliche, wie du ihm Vollmacht gegeben hast über alles Fleisch, daß er allen, die du ihm gegeben hast, ewiges Leben gebe."** (Joh 17, 1-2)

> **„Hieran haben wir die Liebe erkannt, daß er für uns sein Leben hingegeben hat; auch wir sind schuldig, für die Brüder das Leben hinzugeben."** (1Joh 3, 16)

Daß Richard Foster statt zu den konservativ evangelikalen eher zu den modernen Theologen zu rechnen ist, wird in der Jugendzeitschrift „dran" deutlich. Dort plädiert er mit nur wenigen Einschränkungen für die Selbstbefriedigung, indem er betont, „daß sie als mögliches gesundes Ventil ihren Wert hat, wenn der Geschlechtsverkehr nicht möglich ist."[625] Foster rechtfertigt dies mit der Aussage: „Wir dürfen den Menschen einfach keine moralischen Bürden auflegen, ..."[626] Damit steht er im Gegensatz zur gängig ablehnenden Haltung in der konservativ evangelikalen Literatur zum Thema Selbstbefriedigung.[627]

---

[624] Kurt Marti, „Lied für die Erde", *Prospekt vom Neues Buch* Verlag, a.a.O., S. 5.

[625] Richard Foster, „Verbreitet, verheimlicht, verteufelt: Selbstbefriedigung", *dran Nr. 3/1996, März/April*, a.a.O., S. 31.

[626] Ebd.

[627] Vgl. Wolfgang Bühne, „Selbstbefriedigung - eine Sackgasse", „Die Folgen", „Eine 'Erste Hilfe'", *Kann denn Liebe Sünde sein? Freundschaft, Liebe, Sexualität - und die Nachfolge Jesu*, 1. Auflage, 1995 (Bielefeld: CLV, 1995): 46-64.

Walter und Ingrid Trobisch, *Mein schönes Gefühl. Briefwechsel mit Ilona D.* (Baden-Baden: Editions Trobisch, o.J.).

In „AUFATMEN Nr. 1/96“ kommt neben Richard Foster auch Lynne Hybels, Ehefrau von Bill Hybels, Pastor der Willow Creek Community Church in Chicago, USA, zu Wort. Auf ihrer „Reise von Gott zu Gott“ nahm sie folgenden Rat eines „weisen Freundes“[628] an: „... vergiß alles, was du über Gott zu wissen meinst. Vergiß Paulus, vergiß die Briefe und das Alte Testament. Lies Jesus, lies die Evangelien. Lerne ihn kennen!“[629]

Schließlich tat sie es und entdeckte dabei die Zärtlichkeit Jesu[630].

Lynne Hybels bekennt in „AUFATMEN“ froh: „Habe ich heute eine regelmäßige ‘Stille Zeit’, wie ich das früher immer hatte? Nein!“[631]

Und auch Floyd McClung jubelt: „Preist Gott, ich bin befreit von Stiller Zeit!“[632]

In der dritten Nummer von „AUFATMEN“ tritt die „Kuschelstunden-Theologie“ noch auffälliger in Erscheinung. Mike Bickle, Pastor der charismatischen „Metro Vineyard Fellowchip“ in Kansas City, USA, sagt:

„Weißt du, daß Gott eine ungeheure Zuneigung und Leidenschaft für dich hat, trotz und in all deinen Schwächen? ... Er hat eine große Sehnsucht, Zärtlichkeit und Leidenschaft für seine Leute ...“[633]

---

[628] Lynne Hybels, „Ich wandte Gott den Rücken zu. Eine Frau zerbricht an den Wunden ihres Lebens und entdeckt dabei ihre verschüttete Seele: Bericht einer schwierigen Reise von Gott zu Gott“, *AUFATMEN. Gott begegnen - Authentisch leben Nr. 1/96*, a.a.O., S. 15.

[629] Ebd.

[630] Ebd.

[631] Ebd.

[632] o.O., „Clips: Floyd McClung“, *AUFATMEN. Gott begegnen - Authentisch leben Nr. 1/96*, a.a.O., S. 17.

[633] Mike Bickle, „Keine Angst mehr vor Gott. Über unser Versagen, Gottes Freude an uns und die Angst vieler Christen vor dem Gericht“, *AUFATMEN. Gott begegnen - Authentisch leben Nr. 3/96*, a.a.O., S. 5.

Hier begegnet uns wieder der Begriff „Zärtlichkeit", den Bickle noch des öfteren gebraucht. So spricht er über „Gottes herzliche und zärtliche Zuneigung"[634], „seine Zartheit"[635], „seine zärtliche Barmherzigkeit"[636] sowie „Zuneigung und zärtliche Liebe"[637]. Dann heißt es: „Er läuft auf uns zu, wirft liebevoll seine Arme um uns, küßt uns und spricht von tiefer Zuneigung. ... Er umarmt und küßt uns voller Zuneigung. ... Wir können nur dann Reife entwikkeln, wenn wir erkennen, daß er uns schon jetzt genießt, sich an uns freut, uns liebt."[638]

Bickle klagt an, Christen „... fühlen sich nie richtig wohl ..."[639]. Schließlich sollen sie „Anbetung intensiv erleben"[640] und „die Gegenwart Gottes genießen. ... Ich glaube, daß Gott uns dazu berufen hat, unsere Beziehung zu ihm zu genießen."[641]

Bickle sagt über Gott: „Er hat barmherziges Mitleid, wenn wir sündigen."[642] Zurechtweisung geschehe „mit Tränen in seinen Augen"[643]. Merkwürdig nur, daß die Apostel, wenn sie von Gottes Züchtigung sprechen, Mitleid und Tränen bei Gott nicht kennen.

„Wenn wir aber vom Herrn gerichtet werden, so werden wir gezüchtigt,
damit wir nicht mit der Welt verurteilt werden."
(1Kor 11, 32)

„Ihr habt im Kampf gegen die Sünde noch nicht bis aufs Blut widerstanden und habt die Ermahnung vergessen, die zu euch als zu Söhnen spricht: 'Mein Sohn, schätze nicht gering des Herrn Züchtigung, und ermatte nicht, wenn du von ihm gestraft wirst! Denn wen der Herr

---

[634] Ebd., S. 6.
[635] Ebd.
[636] Ebd., S. 5.
[637] Ebd., S. 7.
[638] Ebd., S. 6-7.
[639] Ebd., S. 5.
[640] Ebd., S. 6.
[641] Ebd., S. 6-7.
[642] Ebd., S. 7.
[643] Ebd., S. 8.

liebt, den züchtigt er; er schlägt aber jeden Sohn, den er aufnimmt.' Was ihr erduldet, ist zur Züchtigung: Gott behandelt euch als Söhne. Denn ist der ein Sohn, den der Vater nicht züchtigt? Wenn ihr aber ohne Züchtigung seid, deren alle teilhaftig geworden sind, so seid ihr Bastarde und nicht Söhne. Zudem hatten wir auch unsere leiblichen Väter als Züchtiger und scheuten sie. Sollen wir uns nicht vielmehr dem Vater der Geister unterordnen und leben?" (Hebr 12, 4-9)

Gott will uns also nicht streicheln, sondern ermahnen, strafen und schlagen. Darin zeigt er seine Liebe.

Die Folge dieser Züchtigung ist Traurigkeit:

„Alle Züchtigung scheint uns zwar für die Gegenwart nicht Freude, sondern Traurigkeit zu sein." (Hebr 12, 11a)

Doch Gottes Züchtigung gibt etwas den darin Bewährten:

„Nachher aber gibt sie denen, die durch sie geübt sind, die friedvolle Frucht der Gerechtigkeit." (Hebr 12, 11b)

Die Sünde muß immer ihren gerechten Lohn empfangen:

„Denn der Lohn der Sünde ist der Tod." (Röm 6, 23a)

Anstatt daß sich der Apostel Paulus der Zärtlichkeit, des Mitleids und der Tränen Gottes bewußt war, hatte er die vor Gott richtige Haltung der Selbstverzweifelung:

„Ich elender Mensch! Wer wird mich retten von diesem Leibe des Todes?" (Röm 7, 24)

Erst dann kommt der Dank:

„Ich danke Gott durch Jesus Christus, unseren Herrn!" (Röm 7, 25a)

Dann heißt es bei Bickle noch: „Gott ist nicht wie unser irdischer Vater, nicht wie ein Fußballtrainer oder Musiklehrer, die Vollkommenheit verlangen."[644]

---

[644] Ebd.

In der Bibel heißt es dagegen:

„Ihr nun sollt vollkommen sein, wie euer himmlischer Vater vollkommen ist.“ (Mt 5, 48)

„Das Ausharren aber soll ein vollkommenes Werk haben, damit ihr vollkommen und vollendet seid und in nichts Mangel habt.“ (Jak 1, 4)

Während Bickle in dem Artikel mehrmals vom Genießen spricht, ist in der Bibel von Verherrlichung Gottes die Rede:

„Der Gott des Ausharrens und der Ermunterung aber gebe euch, gleichgesinnt zu sein untereinander, Christus Jesus gemäß, damit ihr einmütig mit einem Munde den Gott und Vater unseres Herrn Jesus Christus verherrlicht.“ (Röm 15, 5-6)

Wie die vorherige Bibelstelle spricht auch dieser Vers wieder vom Ausharren. Das Kennzeichen des christlichen Lebens ist nicht Zärtlichkeit, Umarmen, Genießen und Aufatmen, wie der Titel der Zeitschrift lautet, sondern Kämpfen, Überwinden, Widerstehen und das eben erwähnte Ausharren.

Colin Urquhart vertritt in seinem Buch „'Mein liebes Kind …' Hören auf das Herz Gottes“ die gleiche Linie wie Mike Bickle. Nur beansprucht Urquhart, daß Gott ihm „den Auftrag gab, dieses Buch zu schreiben“[645].

Merkwürdigerweise widerspricht sein „Hören auf Gott“ schon auf den ersten Seiten dem biblischen Handeln Gottes:

„So liegt es nun nicht an dem Wollenden, auch nicht an dem Laufenden, sondern an dem sich erbarmenden Gott.“ (Röm 9, 16)

---

[645] Colin Urquhart, *„Mein liebes Kind …“ Hören auf das Herz Gottes*, 8. Auflage, April 1995 (Solingen: Gottfried Bernard, 1992), S. 9.

„Auch euch hat er auferweckt, die ihr tot wart in euren Vergehungen und Sünden.“ (Eph 2, 1)

Die Bibel bezeugt, daß es beim Heil nicht um den Willen des Menschen geht, weil dieser durch die Sünde tot ist.

Urquhart dagegen schreibt: „Weil ich dich in Liebe geschaffen habe, mußte ich dir einen freien Willen geben. ... Jeder Mensch ist mit der Fähigkeit geschaffen worden, über sein Handeln und Verhalten selbst zu entscheiden. Du bist keine Ausnahme. Weil du einen freien Willen hast, besitzt du die Fähigkeit, meine Liebe zu erwidern. ... Ich habe deinen freien Willen respektiert und auf deine Einladung gewartet.“[646]

Diese angebliche Absicht Gottes und Fähigkeit des Menschen muß noch durch folgende Bibelstellen widerlegt werden:

„Da ist keiner, der Gott sucht.“ (Röm 3, 11b)

„Ein natürlicher Mensch aber nimmt nicht an, was des Geistes Gottes ist, denn es ist ihm eine Torheit, und er kann es nicht erkennen, weil es geistlich beurteilt wird.“ (1Kor 2, 14)

Die Menschen sind einfach nur unselbständiger Ton in der souveränen Hand des Töpfers:

„Wir sind der Ton, und du bist unser Bildner, und wir alle sind das Werk deiner Hände.“ (Jes 64, 7b)

„Oder hat der Töpfer nicht Macht über den Ton, aus derselben Masse das eine Gefäß zur Ehre und das andere zur Unehre zu machen?“ (Röm 9, 21)

„Ich möchte dich nah an mich ziehen, Kind. Als Vater möchte ich dich in meinen Armen halten. Aber ich dränge mich dir nicht auf. Manches Mal wollte ich dich mit meiner Liebe umfassen, aber du hast mich abgewehrt. ... ich möchte dich ganz nah bei mir haben. Ich mag dich. ... Ich liebe dich, weil ich dich liebe; ... Ich mag dich, mein Kind. Ich mag dich wirklich. Merkst du nicht, Kind,

---

[646] Ebd., S. 18, 30.

daß ich dich mehr liebe, als du dich selbst liebst? ... Hörst du mein Vaterherz schlagen, während ich dies sage? ... Ich liebe dich, ich liebe alles an dir. ... Warum fürchtest du, daß meine Berührung dich verletzt und verwundet? Ich gehe behutsam vor. Ich möchte dich mit meiner Zärtlichkeit anrühren. Du hast meine ganze Zuneigung, und ich begegne dir liebevoll. ... Ich genieße die Zeiten inniger Gemeinschaft mit dir. ... Die Leute denken, ich breche harte Herzen mit Gewalt, Gericht und Strafe. Nein, ich verändere sie, indem ich sie mit meiner Liebe erweiche. ...“[647]

Dieser verweichlichte Gott mit seiner süßlich-schleimigen Botschaft der Zärtlichkeit, die den Menschen nur bestätigt, schmeichelt heuzutage mehr und mehr den Evangelikalen und Charismatikern. Er ist jedoch im Lichte der Bibel eine Wunschvorstellung oder vielmehr eine Illusion, weil Gott sich in seinem Wort viel ernstzunehmender vorstellt und es auch für den sündigen Menschen schlichtweg viel besser ist, wenn Gottes Wort Kraft hat und ihn gewaltig trifft, ja geradezu durchdringt:

„Denn das Wort Gottes ist lebendig und wirksam und
schärfer als jedes zweischneidige Schwert
und durchdringend bis zur Scheidung von Seele und
Geist, sowohl der Gelenke als auch des Markes,
und ein Richter der Gedanken und Gesinnungen des
Herzens.“ (Hebr 4, 12)

Zu erwähnen sei noch, daß Urquhart seinen Aufzeichnungen - wie so oft in der Charismatischen Bewegung - unverblümt Autorität verleiht: „Dieses Buch ist eine Botschaft aus dem Herzen des himmlischen Vaters ...“[648] und „eine Art Prophetie“[649].

Daß die hier geschilderten Gottesbilder im Zusammenhang mit dem Zeitgeist stehen, greift das Nachrichtenmagazin „Focus“ auf. Unter der Überschrift „Kuschelparty mit Gott“ heißt es unter anderem: „Aus dem allmächtigen, strengen Weltenlenker ist - in den Augen der Gläubigen - ein guter Kumpel geworden, ... Gott - und Sohn Jesus - sollen vor allem Geborgenheit und Lebenssinn spen-

---

[647] Ebd., S. 24, 27-29, 31-33.

[648] Ebd., S. 9.

[649] Ebd.

den: Helfer in der Not, an die man sich bei Bedarf seelisch kuscheln kann. Glaube light."[650]

Auch der römisch-katholische Erzbischof von Köln, Joachim Kardinal Meisner, stellt treffend fest: „Wir haben aus Christus einen blassen Barmherzigkeitsheini gemacht, so eine Art Gartenzwerg, der zu Unverschämtheiten der Menschen nur zustimmend nicken darf."[651]

Neben „AUFATMEN" erscheint seit einigen Jahren, ebenfalls von Evangelikalen und Charismatikern zusammengestellt, die Frauenzeitschrift „Lydia". Dort werden in einem Gedicht Alpträume, Ungehorsam und Schlägereien im Leben Jesu sowie eine hochnäsige Gesinnung bei Maria für möglich gehalten. In dem Text „Fragen an Maria" von Max Lucado heißt es unter anderem:

„... Warst du verlegen, wenn du Ihn lehrtest, wie Er die Welt erschaffen hat? ... Ging Sein Blick manchmal ins Leere, als würde Er jemandem zuhören, den du nicht wahrnehmen konntest? Kam dir je der Gedanke, daß der Gott, zu dem du betetest, unter deinem eigenen Dach schlief? Wie verhielt Er sich, als Er zum ersten Mal die Haare geschnitten bekam? Kam er je mit einem blauen Auge nach Hause? Hast du Ihn einmal ausgeschimpft? War Er ein guter Schüler? ... Kam er vor, daß du nachts an Sein Bett tratst, weil Er aufwachte und Angst hatte? Hast du Ihn einmal unverhofft Vater genannt? ... Hast du je gedacht: 'Der da meine Suppe ißt, das ist Gott.'? ..."[652]

---

650 Frank Gerbert, „Kuschelparty mit Gott. Schock für die Kirchen: Nicht nur Laien, auch Pfarrer haben sich von vielen offiziellen Glaubensinhalten verabschiedet", *FOCUS Nr. 24, 9. Juni 1997*, a.a.O., S. 164-5.

651 o.O., „Das Wort zum Mittwoch", *idea-Spektrum Nr. 12/97*, a.a.O., S. 36.

652 Max Lucado, „Fragen an Maria", *Lydia 2/96* (Aßlar: Lydia, 1996): 72.

Richard Foster und die Beeinflussung durch Agnes Sanford

Dave Hunt warnte schon 1985 vor Richard Foster als einen „der vielen Bewunderer von Agnes Sanford“[653], einer „Pantheistin“[654], deren Bücher „mit den grundlegenden Lehren des Okkultismus übereinstimmen.“[655]

Dazu folgendes Beispiel:

„Weise Männer in Indien sind schon viele Jahrhunderte lang zu den höchsten Gipfeln der Meditation vorgedrungen und haben ihre seelischen und geistlichen Kräfte weiterentwickelt und so ihre Über-Seele entstehen lassen. Die Geister derjenigen (Toten), für die wir auf Erden gebetet haben, wirken weiter durch uns ... Man überträgt die heilende Kraft auf das innere Wesen (des Kranken) durch das Gesetz der Suggestion ... Er (der Mensch, der die Heilung vollbringt) hat eine Gedankenverbindung hergestellt zwischen seinem Geist, seinem Unbewußten und seinem Körper einerseits und dem Leib, dem Unbewußten und dem Geist des Patienten andererseites. ...“[656]

Agnes Sanford nennt Gott „die eigentliche Lebenskraft, die in einer Strahlung von Energie besteht ... von der her sich alle Dinge entwickelt haben“[657] und daß „Gott tatsächlich in den Blumen und all den kleinen zwitschernden, singenden Dingen lebt. Er hat alles aus sich heraus geschaffen, und irgendwie hat er einen Teil von sich in alles hineingelegt.“[658] „Er ist in der Natur, und er ist selbst die Natur.“[659]

---

[653] Dave Hunt / T.A. McMahon, *Die Verführung der Christenheit*, a.a.O., S. 128.

[654] Ebd., S. 129.

[655] Ebd.

[656] Agnes Sanford, *The Healing Light* (Macalester: o.V., 1947), S. 98-113, 142-143.

[657] ---. *The Healing Gifts of the Spirit* (o.O.: Fleming H. Revell, 1966), S. 22.

[658] Ebd., S. 27.

[659] ---. *The Healing Light*, a.a.O., S. 10.

Weiterhin bezeichnet sie Gott als die „ursprüngliche Energie“[660] und Jesus als „einen Psychiater im tiefsten Sinne.“[661] Dieser Jesus wurde „für alle Ewigkeit ein Teil des kollektiven Unbewußten der Menschheit ... ein Teil seines Bewußtseins ist für alle Zeiten mit den Tiefen des menschlichen Geistes verbunden.“[662] Und dieser Jesus drang durch seine Menschwerdung „in das kollektive Unbewußte des Menschen ein, in die tiefen Bewußtseinsschichten jedes Menschen.“[663]

Foster selbst plädiert in seinem Buch „Nachfolge feiern“ zum einen für Versenkung als „Entdeckung Gottes in seinen Geschöpfen“[664] und zum anderen, wie Agnes Sanford, für Visualisierung:

„In Ihrer Vorstellung erlauben Sie nun Ihrem geistlichen Sein, sich, von Licht erfüllt, aus Ihrem irdischen Körper zu lösen. Schauen Sie noch einmal zurück, so daß Sie sich selbst dort im Gras liegen sehen können, und beruhigen Sie Ihren Körper, daß Sie gleich wieder zurück sein werden. Stellen Sie sich vor, daß Ihr geistliches Selbst lebendig und vibrierend durch die Wolken bis in die Stratosphäre aufsteigt. Schauen Sie auf Ihren Körper zurück, auf die Wiese und den Wald, wie sie immer kleiner werden, während Sie sich davon entfernen. Tauchen Sie immer tiefer in das Weltall hinein, bis Sie nichts mehr umgibt als die wärmende Gegenwart des ewigen Schöpfers. Kommen Sie in seiner Gegenwart zur Ruhe. Lauschen Sie still und erwarten Sie Unvorhersehbares. Achten Sie sorgfältig auf jede Anweisung, die Sie empfangen.“[665] Im gleichen Kapitel heißt es: „Sie können also dem lebendigen Christus tatsächlich in diesem Ereignis begegnen, von seiner Stimme angesprochen und von seinen heilenden Kräften berührt werden. Das kann weit über eine Übung unserer Vorstellungskraft hinausgehen, kann eine echte

---

[660] Ebd., S. 30.

[661] Ebd., S. 74.

[662] ---. *The Healing Gifts of the Spirit*, a.a.O., S. 119.

[663] Ebd., S. 101.

[664] Richard Foster, *Nachfolge feiern. Geistliche Übungen neu entdeckt*, 1. Auflage, 1996 (Wuppertal: R. Brockhaus, Edition AUFATMEN, 1996): 32.

[665] Ebd., S. 34.

Begegnung sein. Jesus Christus kehrt dann tatsächlich bei Ihnen ein."[666]

Christian A. Schwarz nennt übrigens in seinem Gaben-Test unter der Überschrift „Menschen mit dieser Gabe" einen Erfahrungsbericht von Agnes Sanford bei der „Gabe der Auslegung des Zungenredens"[667] In diesem Gaben-Test kommt er bei den „Tips zum Trainieren der Gabe"[668] des Zungenredens weg vom Wort Gottes zur Erfahrungstheologie: „Verschiedene Christen berichten davon, wie sich ihre Gabe bei zunehmenden Gebrauch weiter entwickelte."[669]

Das „Jahrhundertereignis"

Das Nachrichtenmagazin der Deutschen Evangelischen Allianz „idea-Spektrum" meldete im Sommer 1996 in großen Lettern „ein Jahrhundertereignis"[670].

Zwei Jahre dauernde Gespräche zwischen der Deutschen Evangelischen Allianz (DEA) und dem Bund Freikirchlicher Pfingstgemeinden (BFP) führten am 18. Juni 1996 zu einer gemeinsamen Erklärung, in der sich beide Ströme wachsendes Vertrauen aussprechen[671] und künftig enger zusammenarbeiten wollen[672].

In der Erklärung geht die DEA mehrere Kompromisse ein.
So heißt es in Punkt 2.4.1.: „Prophetie im neutestamentlichen Sinne gibt es sowohl durch vollmächtige Auslegung der Heiligen

---

[666] Ebd., S. 33.

[667] Christian A. Schwarz, *Der neue Gaben-Test, 8. völlig neu bearbeitete Auflage, 1997* (Emmelsbüll: C & P, 1988), S. 70.

[668] ---. *Der Gaben-Test, 7. neu bearbeitete und erweiterte Auflage*, 1994, a.a.O., S. 127.

[669] Ebd.

[670] o.O., „Zwei Ströme der evangelikalen Bewegung - Pietisten und Pfingstler - rücken erstmals in Deutschland einander näher. „Ein Jahrhundertereignis", *idea-Spektrum Nr. 27/96* (Wetzlar: Informationsdienst der Evangelischen Allianz, 1996): 18-19.

[671] Ebd., S. 18.

[672] Ebd.

Schrift in die gegenwärtige Situation von Gemeinde und Welt hinein als auch als geistgewirkte prophetische Rede."[673]

Zur Zungenrede heißt es in Punkt 2.4.2. lediglich: „Beim Sprachengebet und der Sprachenrede wird die apostolische Ordnung nach 1. Korinther 14 verbindlich anerkannt."[674]

Diese Punkte hat die Pfingstbewegung schon immer vorgegeben zu glauben. Der besondere Zeichencharakter der neutestamentlichen Gaben wird von der DEA hier jedoch umgangen. Zudem wird die Zungenrede in zwei voneinander zu unterscheidende Gaben aufgeteilt[675].

Kurze Zeit später erklärte die „Initiative Berliner Erklärung" in einer ganzseitigen Anzeige in „idea-Spektrum":

„Die Ära der Berliner Erklärung ist beendet. ... Wir erkennen den Anbruch einer neuen Segensepoche für das deutschsprachige Europa und betrachten die notvolle Ära der Berliner Erklärung als überwunden. ... Gott hat seine Gemeinde neu heimgesucht und beschenkt. ... Die Ära der Berliner Erklärung ist endgültig vorbei. ..."[676]

Deren „pauschales Urteil, '... die Pfingstbewegung ist nicht von oben, sondern von unten'"[677] habe heute keine Gültigkeit mehr. Das „belastende Werturteil 'von unten'"[678] sei endgültig ausgeräumt.

Daraus folgt: „Gegenseitige Distanzierungsgründe sind pauschal nicht mehr gültig. ... Somit entbehren pauschale Be- und Verurteilungen fortan einer sachlichen Basis."[679]

---

[673] Ebd., S. 19.

[674] Ebd.

[675] Siehe Anmerkung Nr. 392.

[676] Initiative Berliner Erklärung, „Die Ära der Berliner Erklärung ist beendet. Stellungnahme der INITIATIVE BERLINER ERKLÄRUNG (BE) zur gemeinsamen Erklärung der Deutschen Evangelischen Allianz (DEA) und des Bundes Freikirchlicher Pfingstgemeinden (BFP) am 18. Juni 1996 in Kassel", *idea-Spektrum Nr. 34/96* (Wetzlar: Informationsdienst der Evangelischen Allianz, 1996): 34.

[677] Ebd.

[678] Ebd.

[679] Ebd.

Diese „sachliche Basis“ wird der Befürworter der „Initiative Berliner Erklärung“ wohl auch in dem vorliegenden Buch vermissen.

Es bleibt nämlich fraglich, ob durch die Kasseler Erklärung tatsächlich, wie es heißt, „Pfingstler und Pietisten offiziell zueinander gefunden“[680] haben oder ob um der Einheit willen nicht vielmehr bestimmte Überzeugungen relativiert wurden, um die Berliner Erklärung einfach für ungültig zu erklären.

Die „Initiative Berliner Erklärung“ ist allerdings überzeugt: „Zu verdanken haben wir dieses Wunder der *Initiative des Heiligen Geistes.*“[681]

Nach biblischem Zeugnis wird vielmehr angewiesen, die Einheit in einer Gemeinde zu bewahren, anstatt sie zwischen verschiedenen Dachverbänden zu schaffen:

„Befleißigt euch, die Einheit des Geistes zu bewahren, durch das Band des Friedens.“ (Eph 4, 3)

Natürlich muß die Berliner Erklärung von 1909 in erster Linie im Kontext der damaligen Situation mit ihrer Vorgeschichte betrachtet und verstanden werden. Sie kann aber auch für die Gegenwart eine Hilfe sein, will man beispielsweise die Phänomene des „Toronto-Segens“ beurteilen.

Nachdem zuvor eindeutig von der „persönlichen Treue und Hingebung einzelner führender Geschwister“[682] gesprochen wird und daß auch die Verkündigung in dieser Bewegung „Früchte bringt“[683], heißt es unter Punkt 1. d) „... Die häßlichen Erscheinungen, [sic!] wie Hinstürzen, Gesichtszuckungen, Zittern, Schreien, widerliches, lautes Lachen usw. treten auch diesmal in Versammlungen auf. Wir lassen dahingestellt, wieviel davon

[680] Herbert Masuch, *Informations- und Dankesbrief an alle Kontaktpersnen der Initiative BE* (Scheeßel: Initiative BE, Dezember 1996), S. 1.

[681] Ebd.

[682] Hermann Schöpwinkel, Paul Wißwede, *Flugfeuer fremden Geistes*, 3. Auflage, 1965 (Denkendorf: Gnadauer, 1965), S. 71.

[683] Ebd., S. 72.

dämonisch, wieviel hysterisch oder seelisch ist - gottgewirkt sind solche Erscheinungen nicht."[684]

Auch kann der folgende Punkt, in Anbetracht der zahlreichen in diesem Buch dokumentierten Beispiele, für heute eine Orientierungshilfe sein:

> „e) Der Geist dieser Bewegung führt sich durch das Wort Gottes ein, drängt es aber in den Hintergrund durch sogenannte 'Weissagungen'."[685]

Könnte man nicht das Anliegen dieser theologischen Erklärung auch heute noch aufgreifen?

Wofür die Berliner Erklärung jedoch alles verantwortlich sei, schreibt der Bundesvorsitzende der „Partei Bibeltreuer Christen" (PBC), Gerhard Heinzmann:

„In der Folgezeit erlebte unser Land eine 'Geistausgießung' besonderer Art. Zuerst entfachte Deutschland den Ersten Weltkrieg. Dann folgten der Nationalsozialismus und die Katastrophe des 'Dritten Reiches' mit allen seinen schrecklichen Folgen. Ich bin überzeugt, daß die Zerstrittenheit der geistlichen Lager in Deutschland dem 'Ankläger unserer Brüder, der sie bei Tag und bei Nacht vor unserem Gott verklagte' (Offenbarung 12, 10), Anrechte gab, sich in Deutschland zu 'entfalten' und seine Nazi-Dämonen über unserem Land zu entfesseln. Die Ewigkeit wird offenbaren, wie weit die Christen tatsächlich mitverantwortlich sind und mitschuldig bei diesem teuflischen Spiel. Der Bau der 'Berliner Mauer' mit der Teilung unseres Volkes ist eine weitere Hypothek unserer Vergangenheit."[686]

Der Leser muß sich nun selbst entscheiden, welchen von den beiden Wegen er gehen will:

Zum einen ist da der Weg der konservativen Bibeltreue, der noch versucht, die Geister zu unterscheiden und sich durch moder-

---

[684] Ebd., S. 71.

[685] Ebd., S. 72.

[686] Gerhard Heinzmann, „Mauern fallen: Berlin 1989 und 1996", *SALZ und LICHT 2/96, Okt.-Dez. 96* (Karlsruhe: PBC, 1996): 20.

nistische und tolerante Evangelikale, die für Schulterschlüsse, Umarmungen und Einheit um jeden Preis plädieren, nicht beirren und auch durch den angeblichen „Anbruch einer neuen Segensepoche“[687] nicht beeindrucken läßt.

Hält er an der Aktualität der Berliner Erklärung fest, muß dies aber nicht zugleich heißen, daß er über jedes einzelne Glied der Pfingst- oder Charismatischen Bewegung ein unnüchternes Pauschalurteil fällt, welches sich einer unvoreingenommenen biblischen Prüfung entzieht.

Doch der Weg, die Wurzeln beziehungsweise den theologischen Hintergrund von Pfingstlern und Charismatikern und damit die Bewegung an sich infrage zu stellen, kann aber auch bedeuten, von der Welt und selbst von Glaubensgeschwistern Schmähungen in Kauf zu nehmen. Die Beschreibung des Apostels Paulus gilt auch noch heute:

„Alle aber auch, die gottesfürchtig leben wollen in Christus Jesus, werden verfolgt werden.“ (2Tim 3, 12)

Ganz im Trend liegt dagegen zum anderen der Weg des Kompromisses und der Anpassung an den pluralistischen Zeitgeist einer in Deutschland laodicäischen Christenheit.

Und was der Herr Jesus in seiner Rede bezüglich der Tempelzerstörung andeutete, scheint auch heute wieder aktuell werden zu können:

„Und dann werden viele verleitet werden und werden einander überliefern und einander hassen;
und viele falsche Propheten werden aufstehen und werden viele verführen;
und weil die Gesetzlosigkeit überhandnimmt, wird die Liebe der meisten erkalten;
wer aber ausharrt bis ans Ende, der wird errettet werden.“ (Mt 24, 10-13)

---

[687] Ebd.

Nachwort

DIE Frage ist berechtigt, ob die hier vorliegenden Dokumente ausreichen, um ein Gesamturteil über die Pfingst- und Charismatische Bewegung zu fällen.

Wir haben gesehen, daß beide Bewegungen nicht nur durch neue Lehren und Praktiken auffallen, sondern daß in ihnen auch bibelfremde Gottesbezeichnungen und -beschreibungen hervorgebracht werden. Nun mag das sicherlich nicht für jedes Glied dieser Bewegungen zutreffen. Es sei hier bemerkt, daß einzelne Glieder ein vorbildliches Leben in der Nachfolge Christi führen. Ein pauschales und vernichtendes Gesamturteil über alle Glieder dieser Bewegungen kann einer biblischen Prüfung daher nicht standhalten.

Der Heilige Geist hat sich nämlich nicht „auf eine ganz kleine Herde von (angeblich) 'nüchternen' Gläubigen zurückgezogen“[688].

Prof. Dr. Samuel R. Külling spricht in diesem Zusammenhang zu Recht von der Gefahr eines „einseitigen, unausgewogenen 'Anti-Pfingst-Schemas'“[689].

Auf der anderen Seite gibt es jedoch Prediger wie Reinhard Bonnke und Walter Heidenreich auf nationaler sowie Benny Hinn und Rodney Howard-Browne auf internationaler Ebene, die zumindest für die Charismatische Bewegung repräsentativ sind. So findet sich kaum ein Büchertisch einer charismatisch orientierten Gemeinde, der nicht die Publikationen solcher Persönlichkeiten anbietet.

---

[688] Ernst Hoffmann, „Buchbesprechungen“, *FUNDAMENTUM 2. Quartal, Heft 2/1982* (Riehen/Basel: FUNDAMENTUM/FETA, 1982): 110.

[689] Samuel R. Külling, *Wenn jemand hinwegnimmt ... Geistesgaben heute* (Riehen/Basel: Immanuel, 1988), S. 9.

Der Gott, der sich in der Bibel offenbart, läßt sich jedoch nicht als Typ im Strauch, turbogeiler Typ, Gefühlsbündel, Spürhund, kosmisches Zentrum usw. titulieren, den man einfach „verspeisen“ oder bedrohen kann. Auch kniet dieser nicht flehend vor einem Menschen und bedarf der Vergebung.

Die Frage, die sich hier nun stellt, ist, wen bestimmte charismatische Prediger meinen, wenn sie sich in derartiger blasphemischer Weise über den äußern, an den sie glauben.

Mit an Sicherheit grenzender Wahrscheinlichkeit ist es für alle der Gott der Bibel.

Wie stellt dieser sich aber den Menschen vor?

**„Mit wem wollt ihr Gott vergleichen, und was für ein Abbild wollt ihr ihm gegenüberstellen?
Mit wem denn wollt ihr mich vergleichen, dem ich gleich wäre? spricht der Heilige.“** (Jes 40, 18+25)

„Denn Gott bin ich und nicht ein Mensch, in deiner Mitte der Heilige.“ (Hos 11, 9b)

**„Sondern wie der, welcher euch berufen hat, heilig ist, seid auch ihr im ganzen Wandel heilig!
Denn es steht geschrieben: ‘Seid heilig, denn ich bin heilig.’“** (1Petr 1, 15-16)

Das Wesen Gottes wird also durch Heiligkeit bestimmt. Diesem Gott kann man daher nur Ehrfurcht entgegenbringen, denn es heißt im 1. Petrusbrief weiter:

**„Und wenn ihr den als Vater anruft, der ohne Ansehen der Person nach eines jeden
Werk richtet, so wandelt die Zeit eurer Fremdlingschaft in Furcht!“** (1Petr 1, 17)

Respektloses und abfälliges Reden von ihm ist Mißbrauch seines Namens:

**„Du sollst den Namen des HERRN, deines Gottes, nicht zu Nichtigem aussprechen, denn der HERR
wird den nicht ungestraft lassen, der seinen Namen zu Nichtigem ausspricht.“** (2Mose 20, 7)

„Unzucht aber und alle Unreinheit oder Habsucht sollen nicht einmal unter euch genannt werden, wie es Heiligen geziemt; auch Unanständigkeit und albernes Geschwätz und Witzelei, die sich nicht geziemen, statt dessen aber Danksagung." (Eph 5, 3-4)

Die in diesem Buch erwähnten charismatischen Prediger können durch ihr abfälliges Reden schließlich nicht den Gott der Bibel meinen.

„Und wenn die Wurzel heilig ist, so auch die Zweige." (Röm 11, 16b)

Auch kann Gott nicht durch irgendeinen Menschen in seiner Gestalt, also seinem geistlichen Sein oder Wesen, beschrieben werden.

„So hütet eure Seelen sehr - denn ihr habt keinerlei Gestalt gesehen an dem Tag, als der HERR am Horeb mitten aus dem Feuer zu euch redete." (5Mose 4, 15)

„Niemand hat Gott jemals gesehen; der eingeborene Sohn, der in des Vaters Schoß ist, der hat ihn kundgemacht." (Joh 1, 18)

Es ist für den Menschen letztendlich sogar unmöglich:

„Dann sprach er: Du kannst es nicht ertragen, mein Angesicht zu sehen, denn kein Mensch kann mich sehen und am Leben bleiben." (2Mose 33, 20)

Dies wird erst in Gottes unmittelbarer Gegenwart, im Himmel, möglich sein:

„Und sie werden sein Angesicht sehen; und sein Name wird an ihren Stirnen sein." (Offb 22, 4)

Kommt der Leser nun zu dem Ergebnis, daß die in diesem Buch dokumentierten Aussagen und die dahinterstehende Theologie einer biblischen Prüfung nicht standhalten können, so ist es legitim, sich davon konsequent abzuwenden.

Gott warnt uns in seinem Wort:

„Niemand verführe euch mit leeren Worten! Denn dieser Dinge wegen kommt der Zorn Gottes über die Söhne des Ungehorsams. Seid also nicht ihre Mitgenossen!“ (Eph 5, 6-7)

Die konsequente Freiheit vom Einfluß charismatischer Sonderlehren, die zwar den Aussagen der Bibel widersprechen, jedoch als sogenannte „Offenbarungserkenntnis“ von Charismatikern Autorität erhalten, kann durchaus zu einer biblischen Unabhängigkeit von Außerbiblischem und damit Spekulativem führen und letztendlich in eine „wirklich freie“ Anbetung Gottes führen.

Es ist beruhigend, daß man von der Bibel her wissen darf, daß Gott heute keine neuen Offenbarungen, Lehren oder Visionen hervorbringt, sondern daß sein Wort die einzige Offenbarung ist und bleibt.

„Nachdem Gott vielfätig und auf vielerlei Weise ehemals zu den Vätern geredet hat in den Propheten, hat er am Ende dieser Tage zu uns geredet im Sohn, den er zum Erben aller Dinge eingesetzt hat, durch den er auch die Welten gemacht hat.“ (Hebr 1, 1-2)

Die Erkenntnis von Gott und seinem Plan wird sich nicht mehr ändern oder erweitern. Jede theologische Lehre muß aus der Bibel und allein daraus kommen und kann nicht in sie hineingetragen werden.

Ich möchte den Leser einladen, sein Leben einzig und allein diesem lebendigen Gott anzuvertrauen, der uns aus Gnade liebt und uns ewiges Leben, Frieden und Geborgenheit in seiner herrlichen Gegenwart schenken will.

Nachwort des Herausgebers

Liebe LeserInnen,

Angesichts der drastischen Zitate in diesem Buch und angesichts der Tatsache, daß zu dem Thema in der Vergangenheit bereits etliche (auch sehr kritische) Bücher veröffentlicht wurden, empfinde ich es als notwendig, kurz zu erläutern, weshalb gerade der *Reformatorische Verlag* sich zur Herausgabe dieses Buches entschlossen hat.

Die Antwort ist vielschichtig:

Der erste, offensichtliche Grund liegt darin, daß die Bewegung sich nach wie vor großer Beliebtheit erfreut und in ständig neuen Varianten die Gemeinden durchzieht.

Zweitens habe ich selbst, ähnlich wie der Autor, jahrelange, praktische Erfahrung in charismatischen Gemeinden sammeln dürfen (oder: müssen). Mehr als einmal habe ich erlebt, wie der Einzug charismatischen Gedankenguts ganze Gemeinden in jedem Aspekt ihres gemeindlichen Lebens gründlich veränderte. Die Fronten waren für mich nicht immer klar, und die Suche nach einer Antwort auf meine Zweifel und Fragen hinsichtlich dieser Bewegung war es schließlich, die mich zur Reformierten Theologie hinführte.

Die Oberflächlichkeit und Ehrfurchtslosigkeit, mit der – sei es in den Gottesdiensten oder in der Mission – von Gott gesprochen wird, hat etwas mit dem Gottesbild der heutigen Christen zu tun. Dieses wiederum, so lernte ich, war nur das Ergebnis einer jahrzehnte-, wenn nicht jahrhundertelangen theologischen Fehlentwicklung. Weit zurück in der Vergangenheit hat es Weichenstellungen gegeben, die in der (vorläufig) letzten Konsequenz zu so skandalösen Phänomenen wie den Jesus-Freaks führen konnten.

Will die Gemeinde Jesu Christi also vorankommen, muß sie – ähnlich wie in der Reformation des 16. Jahrhunderts – weit zurückgehen, nämlich zur Theologie der Kirchenväter, der Reformatoren, der Puritaner, ja der Apostel: zur Lehre von dem souverän erwählenden, machtvoll erlösenden Gott, um Dessen Ehre es letzten Endes geht. Allein diese Rückkehr zu einem gesunden, gottzentrierten Verständnis kann Bewahrung vor weiteren Fehlentwicklungen gewährleisten und war, wie die Kirchengeschichte belegt, immer wieder wesentlicher Vorläufer geistlicher Erweckungen.

Hamburg, September 1997, Der Herausgeber

Personenregister

Bibelstellenregister

Arthur W. Pink

DIE SOUVERÄNITÄT GOTTES

Pb. 160 Seiten, DM 11,80
Ref. Verlag H.C. Beese

„Die heutige Situation", schreibt der Autor, „verlangt dringend nach einer neuen Untersuchung und erneuten Darlegung der Allmacht, Allgenügsamkeit und Souveränität Gottes. Von jeder Kanzel des Landes muß mit Donnerstimme verkündigt werden, daß Gott noch immer lebt, daß Gott noch achtgibt, daß Gott noch regiert. Der Glaube ist jetzt im Schmelztiegel, er wird durch Feuer geprüft, und es gibt keinen sicheren Ruheort für die Herzen und Sinne außer in dem *Thron Gottes*. Was heute mehr denn je benötigt wird, ist eine volle, klare, positive Darlegung der Göttlichkeit Gottes."

Gary North

75 strategische Fragen zur Bibel

Dem heimlichen Humanismus auf der Spur

Pb. 200 Seiten DM 17,80
RVB Hamburg

Eine gute Frage kann mehr bewirken als viele Thesen. Wenn man Fragen in rechter Weise stellt - sie gewissermaßen strategisch zum Einsatz bringt -, kann das den anderen zum Nachdenken und zum Hinterfragen gewohnter Denkstrukturen bringen.

Gary North geht davon aus, daß die meisten Christen heute in verschiedenen Punkten falsch unterrichtet werden. Das, was wir an christlichen Ausbildungsstätten und in den Gemeinden gelehrt bekommen, ist nicht mehr das alte Evangelium der Apostel, der Kirchenväter und der Reformatoren, sondern eine Art Kompromiß zwischen Christentum und Humanismus. Diesen „heimlichen Humanismus" nimmt Gary North mit seinen 75 Fragen aufs Korn.